JOHN BAILEY

Das Kosmos Buch vom
Spinnfischen

JOHN BAILEY

Das Kosmos Buch
vom Spinnfischen

Erfolgreich Angeln
mit Kunstködern

KOSMOS

Aus dem Englischen übersetzt von Dr. Wolfgang Hensel

Titel der Originalausgabe: Improve Your Lure Fishing

Erschienen bei New Holland Publishers (UK) Ltd unter ISBN:
1-84330-354-X

Fotos von John Bailey
Illustrationen von Rob Olsen

Umschlag der deutschsprachigen Ausgabe von eStudio
Calamar und Markus Schärtlein unter Verwendung von zwei
Aufnahmen von John Bailey

Bibliografische Information Der Deutschen Bibliothek
Die Deutsche Bibliothek verzeichnet diese Publikation in der
Deutschen Nationalbibliografie; detaillierte bibliografische
Daten sind im Internet über http://dnb.ddb.de abrufbar

Rechtliche Bestimmungen
Wer angelt muss sich an geltendes Recht halten. An Binnen-
gewässern und oft auch am Meer darf man nur mit
Fischereischein angeln, der ab einem bestimmten Alter das
Bestehen der Fischerprüfung voraussetzt. Zusätzlich braucht
man in der Regel für das betreffende Gewässer eine Angelbe-
rechtigung.
Da vor allem in der Fachliteratur häufig über das Zurückset-
zen von Fischen berichtet wird möchten wir hier auf geltendes Recht hinweisen: Gefangene Fische, die keiner Schon-
zeit unterliegen und größer als das geltende Schonmaß
sind, müssen angelandet, betäubt und getötet werden.
Schonzeiten und Mindestmaße sind einzuhalten und weitere Vorschriften zu beachten.

Alle Angaben in diesem Buch sind sorgfältig geprüft und erfolgen nach bestem Wissen und Gewissen. Sorgfalt bei der
Umsetzung ist indes dennoch geboten. Insbesondere weist der
Verlag darauf hin, dass zur Ausübung der beschriebenen Methoden bzw. Verwendung von Materialien gesetzliche Bestimmungen zu beachten sind. Der Verlag, die Autoren und die
Herausgeber übernehmen keinerlei Haftung für Schäden, die
aus der Anwendung der vorgestellten Methoden oder Materialien entstehen können.

Bücher · Videos · Kalender · Experimentierkästen · Spiele
Angeln & Jagd · Astronomie · Eisenbahn/Nutzfahrzeuge · Garten und
Zimmerpflanzen · Heimtiere · Kinder & Jugend · Natur · Pferde & Reiten

Informationen senden wir Ihnen gerne zu

KOSMOS
Postfach 10 60 11
D-70049 Stuttgart
TELEFON +49 (0)711-2191-0
FAX +49 (0)711-2191-422
WEB www.kosmos.de
E-MAIL info@kosmos.de

Für die deutschsprachige Ausgabe
© 2003, Franckh-Kosmos Verlags-GmbH & Co., Stuttgart
Alle Rechte vorbehalten
ISBN 3-440-09588-6
Redaktion: Ben Boden
Layout und Satz: TypoDesign, Radebeul
Druck und Bindung: Craft Print (Pte) Ltd.
Printed in Singapore

Inhalt

Einleitung 6

Das Verhalten von Raubfischen 10

Der tote Köderfisch 19

Im Raubfischrevier 24

Köder aus Weichplastik / Weichplastikköder 34

Oberflächenköder 50

Blinker und Spinner 63

Wobbler 75

Tierschutz 86

Register 94

Einleitung

Im Alter von neun Jahren wurde ich Mitglied im Compstall Angel Club, in der Umgebung von Stockport im Norden Englands. Der Club besaß einen ehemaligen Mühlenteich mit kristallklarem Wasser. Vom steil abfallenden Damm sah man jedes Blatt und jedes Sandkorn auf dem Boden. Hier wurde mir zum ersten Mal bewusst, wie wichtig es war, die Raubfische beim Spiel und bei der Jagd zu beobachten. Im Teich schwammen vor allem Barsche, und obwohl viele sehr klein waren, gab es auch einige Monsterexemplare. Nur wenn man sorgfältig beobachtete und plante, bekam man sie an die Angel. Seit dieser Erfahrung im zarten Alter wollte ich Fische im Aquarium halten. Vermutlich bin ich auch seit damals davon überzeugt, dass der entscheidende Schritt zum erfolgreichen Fang eines Fisch ist, ihn zu verstehen.

▲ **MIT LEICHTEM GERÄT**
Man muss nicht immer voll ausgerüstet mit Taucheranzug und Atemgerät unterwegs sein, um Fische in ihrem natürlichen Lebensraum zu beobachten. Bei warmem, gutem Wetter, wie hier in Spanien bei 40° C, reichen Shorts, T-Shirt und Taucherbrille. Allerdings sollte man stets auf die Wassertiefe achten, oder sich nicht plötzlich mitten in einer Stromschnelle wiederfinden – nicht zu vergessen ein Sonnenschutz für den Nacken.

Vor ungefähr fünf Jahren begann ich zu tauchen und das zu fotografieren, was ich unter Wasser sah. Im Kern basiert dieses Buch jedoch auf meiner über 40jährigen Erfahrung; in dieser Zeit habe ich Fische über und unter Wasser oder durch eine Glasscheibe beobachtet. Ich glaube, dass jedes Bild eine Geschichte erzählt und uns dabei hilft, Fische besser zu verstehen.

Eine Reihe von Dingen kann eine Fotografie allerdings nicht vermitteln – dazu gehören etwa die Geräusche. Beim Tauchen bin ich immer wieder erstaunt, wie gut Wasser den Schall leitet, wie deutlich man jeden festen Schritt auf dem Ufer und sogar laute Stimmen hört. Nach meiner Erfahrung reagieren Raubfische auf eine Störung zwar nicht so panisch wie Friedfische, aber es wäre dennoch leichtfertig, seine Chancen durch irgendeine Bewegung oder Geräusch zu mindern. Daher mein Rat: Bewegen Sie sich ruhig, waten Sie vorsichtig und reden Sie nur gedämpft. Denken Sie auch an das platschende Geräusch eines Köders, der auf die Wasseroberfläche trifft. Manchmal lässt sich ein Raubfisch gerade dadurch zum Angriff reizen, bei anderer Gelegenheit macht ihn das Platschen besonders misstrauisch. Wenn Sie letzteres vermuten, sollten Sie unbedingt versuchen, Ihren Köder möglichst leise eintauchen zu lassen. In einem Fluss kann man ihn zum Beispiel vorsichtig mit der Strömung an die gewünschte Stelle abtreiben lassen, statt ihn zu werfen und erst dann mit dem Einholen beginnen. Beim Angeln vom Boot ist es oftmals günstiger, den Motor noch vor dem Hot Spot auszuschalten, oder noch besser, gleich in einen Elektromotor zu investieren. Beim Rudern kommt es darauf an, leise und gleichmäßig durchzuziehen.

▲ **AUSPROBIEREN**

Um sich ein genaues Bild davon zu machen, wie sich ein bestimmter Wobbler verhält, sollte man seine Aktion in unterschiedlichen Wassertiefen beobachten.

Die Welt des Wassers

Wenn man ins Wasser eintaucht und etwas Zeit unter der Oberfläche verbringt, wird man bemerken, dass Wasser weit mehr als ein simples Element ist. Wasser ist eine eigene Welt mit einer unerwartet komplexen Geografie; zahlreiche verschlungene Strömungen, unerwartet steil abfallender Grund und fühlbare Unterschiede in der Temperatur. Wer erfolgreich mit Kunstködern angeln möchte, für den zahlt es sich aus, sehr sorgfältig über diese Welt unter der Angelrute nachzudenken. Machen Sie nicht den Fehler, einen Fluss für eine Art Transportband zu halten, das regelmäßig Wasser zum Meer befördert. Suchen Sie sorgfältig nach Steinen, Kolken, umgestürzten Bäumen, Biegungen, Wehren, Schleusen und all den anderen Hindernissen, die den Wasserstrom unterbrechen. Wasser ist ein fremdes Element aber nicht undurchschaubar: Verbringen Sie Zeit am Wasser, beobachten Sie und sobald Sie sicherer werden, werden auch ihre Fänge explodieren.

Denken Sie wie ein Fisch

Vergessen Sie niemals, dass die Raubfische, denen Sie nachstellen, lernen. Es gibt viele Gründe, warum es schwierig ist, einen Räuber zu fangen – ein wichtiger ist seine Wachsamkeit. Das Angeln mit einem Kunstköder kann oder sollte zumindest mit sensiblem Kontakt zum Köder erfolgen. So erlauben beispielsweise geflochtene Schnüre eine genauere Einschätzung, was der Köder gerade macht. Häufig spürt man unmittelbar, wie der Köder durch einen Schwarm Friedfische läuft oder sogar vom Rücken eines Raubfisches abprallt. Wenn Sie an solchen Zeichen spüren, dass Fische vorhanden sind, aber nicht beißen, dann sollten Sie aufhören und neu nachdenken. Denken Sie nicht engstirnig: Es gibt mehr als Blinker! Lassen Sie jeden Angelausflug für Sie und Ihre Köderbox zur Herausforderung werden, etwas völlig Neues auszuprobieren.

Natürlich werde ich weiter unten die Köder aus Weichplastik behandeln, hauptsächlich im Zusammenhang mit Raubfischen, allerdings sollte man nie unterschätzen, dass praktisch jeder Fisch, der im Wasser schwimmt, Lust hat, ab und zu auf Gummi zu beißen. Würmer und ähnliche Köder aus Weichplastik reizen auch Karpfen, Brassen und sogar Rotfedern. Seien Sie experimentierfreudig – dann macht das Angeln mit Kunstködern wirklich Spaß.

▼ **EIN WAHRER FREUND**

Meinem Freund Johnny Jensen, einem dänischen Fotografen, Autor, Angler, Taucher und vor allem, mein Reisegefährte, Quelle der Inspiration und wirklich guter Freund bin ich zu großem Dank verpflichtet.

Verantwortungsvoller Umgang mit Fischen

Obwohl Hechte und andere Raubfische, die eine gewisse Größe erreichen, groß, wild und zähnefletschend aussehen, sind sie sehr verletzlich. Sie haben empfindliche Organe, zarte Kiemen und leiden unter Stress. In der Tat sind wir für einen großen Hecht sogar die einzige wirkliche Bedrohung. Daher sollte man nur dann auf Raubfische angeln, wenn man ganz sicher ist, sie verantwortungsvoll und unbeschadet abzuhaken und zurückzusetzen (Anmerkung des Übersetzers: Im Unterschied zur Praxis in Großbritannien verbietet es das deutsche Tierschutzgesetz, maßige Fische wieder zurückzusetzen). Nehmen Sie daher stets das geeignete Werkzeug mit ans Wasser, wie Lösezange, Arterienklemme und Abhakmatte. Schließen Sie sich so lange erfahrenen Raubfischanglern an, bis Sie sich ganz sicher fühlen! Hier einige Tipps, ohne besondere Wertung:

▸ Das Angeln mit dem Kunstköder wandelt sich schnell – ständig kommen neue Modelle, Zubehör oder verbesserte Techniken auf den Markt. Informieren Sie sich in Anglerzeitschriften, Firmenkatalogen oder im Internet.

▲ **AUSNAHME VON DER REGEL**
Dieser Stichling hielt sich mehrere Tage in einem Schwarm von Döbeln auf. Offenbar wurde er akzeptiert und nicht angegriffen.

▶ Behandeln Sie Ihre teuren Kunstköder pfleglich. Sie gehören an einen trockenen Platz; prüfen Sie regelmäßig Haken, Sprengringe und Wirbel auf Rost und Beschädigungen.

▶ Nehmen Sie immer zwei Köder derselben Art mit ans Wasser. Es gibt nichts Schlimmeres, als DEN Köder des Tages zu finden und ihn an einem Hindernis auf Nimmerwiedersehen zu verlieren.

Technische Anmerkungen

Ich werde Sie nicht mit den technischen Details meiner Taucherausrüstung langweilen: Ein normaler Gummianzug mit dem entsprechenden Zubehör reicht völlig aus. Manchmal braucht man Zusatzgewichte, um am Boden zu bleiben. Auch Flossen brauche ich nur selten. In den letzten drei bis vier Jahren bin ich nicht viel geschwommen – meistens habe ich wartend auf dem Boden von Flüssen gesessen!

Meine Kamera ist eine Nikon F90X mit verschiedenen Nikon-Objektiven. Als besonders praktisch haben sich das 24mm und 28mm Objektiv erwiesen. Bei schwachem Licht setze ich das Nikon SB-28 Blitz-gerät ein. Meistens sitzt meine Kamera in einem Metallgehäuse von Subal – sehr solide und vertrauenswürdig. Wenn ich beweglicher sein wollte, habe ich die Kamera in einen Ewa-Marine Plastikbeutel gepackt. Das hört sich etwas primitiv an, hat seinen Zweck aber bis auf eine Ausnahme wunderbar erfüllt. Glauben Sie mir, es gibt nichts Schlimmeres für einen Unterwasserfotografen als einen Wassereinbruch! Mein Filmmaterial stammt gewöhnlich von Fuji; ich bevorzuge Provia 100, bei schlechten Lichtverhältnissen nehme ich Filme mit 200 ASA oder 400 ASA.

Ich hoffe, dass ich mit meinen Unterwasserbeobachtungen etwas mehr Licht in das dunkle Unbekannte gebracht habe, vor dem wir Angler am Ufer stehen müssen; Petri Heil!

John Bailey, Salthouse, Norfolk

Das Verhalten von Raubfischen

Im Süßwasser gibt es mindestens drei Hauptunterschiede zwischen Raubfischen – also Hecht, Barsch und Zander – und den Friedfischen – zum Beispiel Karpfen, Rotfeder oder Brassen. Friedfische sind ständig in Bewegung, sie schwimmen auf der Suche nach Nahrung umher und sind gewöhnlich auch dann aktiv und wachsam, wenn sie gerade nicht fressen. Ihr Leben dreht sich um die beiden Pole Fressen und Überleben, da bleibt keine Gelegenheit für gemütliches Ausruhen!

Raubfische leben ein völlig anderes Leben. Da ihre Mahlzeiten in der Regel groß und üppig ausfallen, reicht ihnen oft ein guter Happen für viele Stunden, wenn nicht sogar für Tage oder Wochen. Anders als Friedfische verbringen sie nur wenig Zeit mit der Futtersuche. Zweitens brauchen Raubfische länger, um ihre Beute – fast ausschließlich Fleisch – zu verdauen, vor allem bei kaltem Wetter. Also wartet ein Räuber so lange ruhig ab, bis das Verdauungssystem seine Arbeit getan hat. Drittens, sofern nicht Feinde wie Menschen oder Fischotter drohen, steht ein Raubfisch ganz oben in der Nahrungskette und braucht sich keine Sorgen zu machen – ganz anders als die halbpfündige Rotfeder, die vor lauter Angst ständig ihre Umgebung im Auge behält.

◄ **EIN FRÜHER FROST**
Ein plötzlicher Kälteeinbruch im Frühwinter wirkt sich unmittelbar auf die Raubfische aus. Die Wassertemperatur fällt über Nacht um mehrere Grade und das Leben der Fische verläuft wie in Zeitlupe. Wenn Sie einen Kunstköder unter die Eisdecke bekommen, muss er tief und langsam geführt werden, möglichst mit klopfendem Bodenkontakt.

Der Wecker tickt

Raubfische haben die Fähigkeit, scheinbar bewegungslos am Grund zu liegen oder sogar in der Strömung zu treiben und sich völlig von ihrer Umwelt abzuschotten. So verhält sich keineswegs nur der auffälligste Raubfisch, unser Hecht. Ich kenne mich ganz gut mit Raubforellen (Ferox-Forellen) aus, den großen braunen Räubern der glazialen Seen: Wenn sie nicht gerade in kurzen aber heftigen Ausbrüchen auf die Jagd gehen, treiben sie im tiefen, dunklen Wasser umher, ohne auch nur eine Flosse zu kräuseln. Ein anderes Beispiel sind die Aale: So lange sie noch hungrig sind, folgen sie ihrer Beute sehr aktiv, doch dann halten sie sich lange Zeit bewegungslos unter Steinbrocken, in Kanalröhren oder in anderen Verstecken auf, wo sie Schutz vor dem Tageslicht finden.

Bei Raubfischen, die dieses Verhalten an den Tag legen, vor allem in kaltem Wetter, wenn sie sehr langsam verdauen, hat man als Angler kaum eine Chance. Es gibt fast nichts, was den kältestarren, bewegungslosen Körper eines solchen Raubfisches zur Jagd treiben könnte. Meist ist es nur eine Frage der Geduld oder die geschickte Auswahl eines Tages, der günstigere Bedingungen bietet.

SCHEINTOT ▶
Dieser Hecht ist fast völlig bewegungslos. Er lag seit genau zwei Tagen an derselben Stelle und machte keine Anstalten, aus seiner Kältestarre zu erwachen. In diesem Zustand reagieren Hechte überhaupt nicht. Wenn man sich ihm im Boot nähert, lässt er sich beinahe mit dem Paddel aus dem Wasser heben, bis er sich bequemt, wieder abzutauchen. Beim Tauchen kann man ihm buchstäblich auf die Nase tippen, ohne ihn zu reizen.

UNGÜNSTIGES WETTER ▶
Solche Wetterbedingungen sieht kein Angler gern. Es herrscht kaltes, klares Wetter und der Nachtfrost hat die Wasseroberfläche zu Eis gefrieren lassen. Die große Frage lautet jedoch: Schalten alle Raubfische zur gleichen Zeit ab oder eher doch nicht? In der Regel lautet die Antwort zwar Ja, aber es gibt immer Hoffnung. Da kleinere Räuber auf kleinere Beute angewiesen sind, müssen sie häufiger fressen und damit regelmäßiger jagen.

◄ **HELLE UND DUNKLE TAGE**

Sofern eine Kälteperiode nur lange genug andauert, werden sich die Raubfische daran gewöhnen und auch gelegentlich auf die Jagd gehen – trotz schlechter Bedingungen. Das wissen auch die Friedfische, die sich daher in sichere Verstecke mit möglichst gutem Schutz verkriechen. Selbst große Karpfen bevorzugen nun die Deckung überhängender Zweige oder die Überreste von Seerosen und Wasserpflanzen. In solchen Zeiten scheint das Leben unter Wasser in Zeitlupe abzulaufen, alle Bewohner warten auf wärmeres Wetter, um sofort wieder lebendig zu werden.

▲ **SCHLUMMERNDER BARSCH**

Plötzliche Kälteeinbrüche im Spätherbst können einen Barsch so hart treffen, dass er sich tagelang kaum rührt. Dann kann man sie gut zwischen Zweigen und versunkenen Blättern beobachten, wo kaum ein Köder hinkommt. Allenfalls ein Jig, den man direkt unter der Rutenspitze anbietet, könnte diesen Barsch zum Biss reizen; das klappt ab nur, wenn sein Ruheplatz nahe genug am Ufer liegt. Als Alternative bietet sich ein Tauwurm an der Pose an, der über das Versteck treibt.

Der Wecker klingelt

Endlich geschieht etwas. Nach und nach kehren die Räuber wieder ins Leben zurück. Möglicherweise haben sie sich an die ungünstigen Bedingungen gewöhnt und beginnen nun, ihren Hunger zu stillen.

Vielleicht fühlen sie sich aber auch durch veränderte Wasserbedingungen angeregt: Das Eis könnte aufbrechen, oder die Wassertemperaturen langsam ansteigen; vielleicht hat ein heftiger Regen die Oberfläche aufgewühlt und frischen Sauerstoff ins Wasser gespült. Die Fische werden ihr Verhalten zwar nicht schlagartig verändern, aber immer mehr Anzeichen weisen darauf hin, dass sich das Leben im Wasser wieder zu regen beginnt. Das merken ganz sicher auch die Friedfische. Unter der Oberfläche beginnt es zu brummen, die Schwärme von Friedfischen werden aktiver; für sie wird bald alles wieder sein wie üblich.

▲ **AUFMERKSAM**

Dieser Hecht ist nun sichtlich an allem interessiert, was um ihn vorgeht; seine charakteristische Körpersprache fällt auch den Friedfischen auf. Der Hecht hat Wasserpflanzen und herabgefallene Blätter abgeschüttelt. Sein Körper hat die Position geändert, nun schwebt er einige Zentimeter über dem Grund. Seine Flossen beginnen sich zu rühren, vor allem mit Brust- und Bauchflossen hält er Balance. Die Schwanzflosse bewegt sich langsam und drohend hin und her. Seine Augen scheinen wacher, er blickt aufmerksam umher. Fast erwartet man, Speichel von den knochigen Kiefern tropfen zu sehen!

◄ **TAUCHENDER JÄGER**

Nicht nur die Hechte reagieren langsam auf die erwachende Welt. Auch dieser Haubentaucher nutzt die gute Gelegenheit und stürzt sich auf ein fettes Rotauge. Die kleinen Friedfische, die diese Gefahr von oben kennen, bleiben ständig in Bewegung und verleiten den Jäger damit zu immer aggressiverem Verhalten. Das platschende Geräusch des tauchenden Haubentauchers wirkt sehr stimulierend auf den Appetit der Raubfische!

◄ **GLITZERNDES LICHT**

Das früher sehr beliebte englische Kinderbuch The Wind in the Willows (lt. Kindlers Lexikon der Literatur: Die Leutchen um Meister Dachs) hatte die Zerstörung des Schilfs und die Ausbreitung des Minks zum Thema; was von den Schermäusen übrig blieb, lief Gefahr, im Magen eines Hechtes zu enden. Beachten sie, wie das Licht im Fell der Schermaus spielt und wie glitzernde Luftblasen zur Oberfläche steigen. Die Alarmglocken beginnen zu läuten und der Pulsschlag des Wasserlebens kommt auf Touren.

◄ **AUSGEDEHNTE SCHILFFLÄCHEN**

Zwischen diesen Halmen könnten sich große Hechte verstecken. Der Vorfrühling ist eine besonders reizvolle Zeit für den Angler, denn jetzt beginnen die Hechte aufzuwachen und auf Beutejagd zu gehen. In den alten Zeiten ruderten die Hechtangler der Norfolk Broads ihre Boote ins Schilf, trieben die Hechte ins offene Wasser und ärgerten sie so lange, bis sie in wütende Beißlaune kamen.

Auf Beutezug

Jetzt ist der Jäger auf Beute aus, sein Körper ist gespannt auf das nächste Opfer konzentriert. Wo immer Sie jetzt das Wasser beobachten, wird Ihnen auffallen, dass die Friedfische von Mal zu Mal nervöser werden. Die Saiblingsschwärme in einem schottischen Loch werden jetzt flatterhaft, sausen hierhin und dorthin, stets auf der Hut vor dem Angriff einer Raubforelle, die mitten unter sie stoßen kann. Die Elritzen in einem klaren Fluss merken sofort, wenn sich eine Gruppe hungriger Barsche nähert und flitzen zum nächsten Versteck. Natürlich herrscht überall dort unten das Gesetz des Fisch-frisst-Fisch! Kleine Hechte fürchten sich vor großen Hechten, kleine Barsche fürchten sich vor großen Barschen und vor Hechten aller Art. Die kleinen Fische fürchten den Aal, der sich wiederum vor dem Hecht in Acht nimmt. Sicher darf sich nur ein richtig dicker Hecht fühlen – oder etwa nicht? Immerhin kommt es hin und wieder vor, dass man Wunden an den Flanken eines 17-Pfünders entdeckt!

DURCH DIE SEEROSEN ▶

Jetzt ist unser Hecht auf der Jagd, seine Augen fest auf potentielle Opfer gerichtet. Jeder, der ihn sieht, weiß um die Gefahr. Er bewegt sich langsam und vorsichtig, beschleunigt aber unmittelbar, sobald er etwas Lebendes entdeckt. Alle Flossen sind in Bewegung, seine gespannten Muskeln zeichnen sich unter den Schuppen ab; er bewegt seine Augen und öffnet und schließt sein Maul in immer kürzeren Abständen.

WASSERVÖGEL ▶

Nichts darf sich sicher fühlen, weder eine schwimmende Schermaus, noch ein unvorsichtiges Teichhuhn. Hechte fressen häufiger Wasservögel als man gemeinhin glaubt. Natürlich kommt alles auf die Größe an. Dieser Hecht wurde von der Bewegung des Teichhuhns und den Lichtreflexen im Gefieder angelockt. Er wägt kurz einen Angriff ab, doch das Teichhuhn ist einfach zu groß. Hätte er allerdings ein naives Entenküken gesichtet ...

◄ **ALS RAUBFISCH ...**

Auch der Schwarm der Barsche ist zur Jagd entschlossen. Fische mit einem Gewicht von einem Pfund werden alles mögliche fressen: Elritzen und Jungfische, aber auch Nymphen, Köcherfliegenlarven, Kleinkrebse und Käfer. Barsche dieser Größe müssen hart für ihre Nahrung arbeiten; größere Exemplare schnappen sich einfach ein paar Weißfische – einer der Gründe, warum kleine Barsche leichter zu fangen sind als große.

◄ **... UND ALS BEUTE**

Während unsere kleinen Barsche auf der Jagd sind, müssen sie sehr sorgfältig darauf achten, nicht selbst zur Beute zu werden. Ein halbpfündiger Barsch könnte durchaus seiner dreipfündigen Großmutter schmecken, und auch Hechte, Zander, Reiher, Fischotter und sehr große Aale stellen eine ernsthafte Bedrohung dar. Kleine Barsche leben im ständigen Spannungsfeld zwischen selbst jagen und Schutz vor anderen Jägern suchen. Sie haben ein schweres Leben.

◄ **OPTISCHE SIGNALE**

Ich bin davon überzeugt, dass sich Raubfische durch optische Signale zum Angriff verleiten lassen. Ebenso wichtig dürften Schall und Vibrationen sein, die sich im Wasser gut ausbreiten; vor allem in schlammigem Wasser kommt noch der Duft hinzu. Ich würde allerdings darauf wetten, dass im klaren Wasser die Sicht den entscheidenden Reiz liefert. Wenn die Sonne auf den silbernen Schuppen einer Beute, wie diesem Döbel, spielt, kann kein Raubfisch widerstehen.

Die eigentliche Jagd beginnt

Wir halten den Hecht für den Prototyp des jagenden Raubfisches, doch nicht alle Fischfresser verwenden dieselbe Technik. In der Tat sind einige von ihnen noch nicht einmal optimal an ein Leben als Räuber angepasst! So haben etwa die Raubforellen vergleichbar kleine Mäuler und sind kaum schneller als eine normale, kleine Bachforelle. Wenn sie nur den Hauch einer Chance haben wollen, müssen sie nach großen Schwärmen von Beutefischen suchen und mitten hinein stoßen – daher ihre Vorliebe für Döbelschwärme. Auch Barsche sind weder besonders schnell noch besitzen sie ein Hechtmaul, mit dem sie zupacken, festhalten und zerreißen könnten. Daher jagen Barsche bevorzugt im Schwarm, denn so können sie die Beutefische leichter in eine ausweglose Situation treiben. Die Welt eines Raubfisches ist äußerst variabel: Es gibt nicht den einfachen, standardmäßigen Angriff, sondern selbst ein Hecht muss sich verschiedener Taktiken und Techniken bedienen.

DER ANGRIFFSWINKEL ▶

Genau das will der Angler sehen, wohl kaum jedoch eine Rotfeder: Ein Hecht, der sich auf diese Weise schräg nach oben ausrichtet, denkt nur an das Eine: Spurt, Angriff, Töten. Es ist faszinierend zu beobachten, wie Rotaugen, Rotfedern oder Brassen über einen ruhenden Hecht am Seegrund hinwegschwimmen; sie scheinen ihn nicht zu fürchten, weil sie wissen, dass kein Angriff droht. Bei diesem Anblick wissen sie sofort, es geht um ihr Leben.

ABWEHRSTRATEGIE ▶

Diese äußerst aufmerksamen Rotfedern sind immer zur Flucht bereit. Sie sind höher aufgestiegen, um dem Unheil zu entgehen. Einer aus dem Schwarm blickt in eine andere Richtung als die übrigen Fische. Mit diesem typischen Verhalten decken sie das gesamte Umfeld von 360° ab. Sobald sie einen Hecht zu Gesicht bekommen, werden sie fliehen, entweder gemeinsam als Gruppe oder jeder in eine andere Richtung.

◄ **EIN VERLETZLICHES ROTAUGE**

Jetzt ist unser Hecht auf der Suche nach Beute, er ist hungrig und angriffslustig. Die Sonne lässt die Flanken eines Rotauges im Schwarm aufblitzen – ein sicherer Auslöser und glitzerndes Angriffsziel für den Hecht. Fische, die im lichten Schatten stehen, sind undeutlichere Ziele und lösen viel seltener einen Angriff aus. Zudem hätten sie bei einem Angriff auch bessere Chancen zu entkommen.

◄ **WEHRLOS**

Viele Angler verlieren ihren Fisch an einen Hecht oder andere Raubfische, kurz bevor sie ihn über den Kescher führen. Warum, sieht man an dieser Barbe über dem Kescher: Der Fisch bietet ein prächtig beleuchtetes Ziel und ist offenbar völlig wehrlos. Hechte und andere große Raubfische sind daran gewöhnt, tote und sterbende Fische zu fressen. Einem sichtlich hilflosen und wehrlosen Fisch über dem Netz können sie kaum widerstehen.

◄ **BEREIT ZUR FLUCHT**

Dieser kleine Weißfischschwarm verhält sich wie alle nervösen Fische. Sie haben sich etwas verteilt und blicken umher, statt sich gegen die Strömung zu stellen. Auch dass sie nicht fressen, ist ein sicheres Zeichen für ihre Angst. Sobald sich ein Raubfisch nähert, stieben sie explosionsartig nach allen Seiten auseinander, um ihn zu verwirren. Sollte also ein Hecht angreifen, werden sie sich zerstreuen und erst dann wieder einen Schwarm bilden, wenn die Gefahr vorbei ist.

Der tote Köderfisch

Obwohl das Angeln mit einem toten Köderfisch bei weitem nicht so anspruchsvoll ist, wie das Fischen mit Kunstködern, stellt es doch unter ungünstigen Bedingungen eine akzeptable Möglichkeit dar – und muss weder statisch noch langweilig sein. Sie können einen Köderfisch ähnlich wie einen Jig oder sogar einen Wobbler zupfen bzw. hebend und absinkend führen. Alle ernsthaften Raubfischangler haben ein paar Köderfische im Gefrierschrank. Frieren Sie die Köderfische einzeln in Tiefkühlfolie ein; sie sollten flach liegen, denn genickte Köderfische lassen sich kaum werfen, machen Probleme beim Anhaken und wirken so unnatürlich, dass kein Raubfisch darauf reinfällt. Zu den üblichen Köderfischen zählen Meeresfische wie Makrelen, Heringe und Sprotten. Auch heimische Süßwasserfische sind exzellente Köder, daher sollten Sie stets einen kleinen Vorrat anlegen. Gut geeignet sind auch Aalstücke. Beim Angeln mit dem Köderfisch kommt es auf Abwechslung an; es sollte immer Platz sein für einen Exoten wie eine Bastardmakrele – ein runder, öliger Fisch, der einen durchdringenden, starken Duft absondert.

▲ **SICHER GEHAKT**
Setzen Sie den Anhieb bereits unmittelbar beim ersten Zeichen eines Bisses. Etwas zu lange gewartet, und der Köderfisch könnte im Rachen des Hechtes stecken, wo er nur schwierig abzuhaken wäre.

Die Wetterbedingungen

Ein erfolgreicher Raubfischangler wird nicht nur in der Lage sein, alle möglichen sinnvollen Überlegungen anzustellen, er kennt auch die richtigen Lösungen. Berücksichtigen Sie das Wasser, seine Sichtigkeit, Eigenschaften, Bodenverhältnisse, Zahl und Art der gewünschte Fische, Angelmethoden, sowie Ködertypen, -formen, -farben und -aktionen und schließlich das Wetter. In Gewässern, die durch heftigen Regen oder starken Wind schlammig verfärbt sind, hat man mit dem toten Köderfisch bessere Chancen als mit Kunstködern – soweit die grobe Faustregel. Bietet man Raubfischen bei sehr trübem Wasser nur einen optisch wirksamen Köder an, wird das Fischen mit dem Kunstköder äußerst schwierig, während ein Köderfisch selbst bei minimaler Sichtigkeit immer noch gut funktioniert, da er auffällig und stark duftet. Natürlich macht das Angeln mit dem Kunstköder ungeheuren Spaß, aber was nützen Scheuklappen, wenn das Wetter geradezu nach anderen Methoden schreit.

▲ **SPIEGELGLATTES WASSER**
Es gibt Tage, da sehen Gewässer wie Mühlenteiche aus und die Raubfische, insbesondere Hechte, bewegen sich nur sehr ungern. Ohne störende Winde hört der Fisch überdeutlich jedes Geräusch: Ruder, Motor, das Platschen der Köder und selbst redende Angler. Das habe ich tauchend am eigenen Leib erlebt: Wenn man an einem ruhigen Tag still im See liegt, dringen alle möglichen gedämpften Laute ans Ohr – jedes Geräusch in und am Wasser wird enorm verstärkt. Sollten Sie also auf einen wirklich großen, misstrauischen Fisch aus sein, lohnt es sich manchmal, einen toten Köderfisch auszuwerfen und abzuwarten, bis sich der Hecht rührt.

KALTES WETTER ▶

*Wenn der Herbst in den Winter über-
geht, wird kein Hecht bereit sein, seine
Energie für die Verfolgung eines schnellen Köders zu verschwenden. In diesen
ersten Tagen und Wochen, an denen
die Temperaturen sinken, bestehen die
besten Chancen für einen toten Köderfisch. Sobald sich die Raubfische an
die tiefen Temperaturen angepasst
haben, verfolgen sie auch wieder einen
langsamen Kunstköder.*

STARKER FROST ▶

*Sobald die Temperaturen drastisch sin-
ken und sich die Wasseroberfläche in
Eis verwandelt, brechen harte Zeiten
für Kunstköderfans an. Das Angeln
mit dem Kunstköder ist eine aktive,
bewegliche Form des Angelns, doch
wenn große Teile des Wassers unzu-
gänglich sind, muss diese Methode
zwangsläufig scheitern. Wenn Sie dennoch angeln gehen wollen, dann am
ehesten in einem größeren Eisloch mit
einem toten Köderfisch unter einer
Segelpose. Allerdings sollten sich vorher überzeugen, ob Sie einen Fisch bei
der Eisdicke auch landen können.*

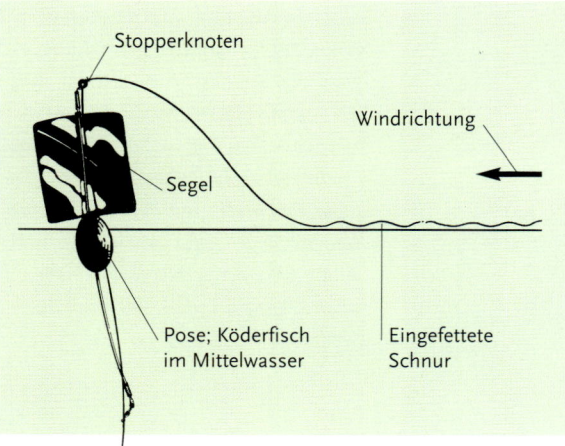

Stopperknoten

Windrichtung

Segel

Pose; Köderfisch
im Mittelwasser

Eingefettete
Schnur

Segelpose

Sofern ein leichter Wind weht, lassen sich mit dieser
Montage größere Wasserflächen absuchen. Das Segel
treibt die Pose mit dem Köderfisch über das Wasser
(Schnur gut einfetten). Je nachdem, wie stark der Wind
weht, kann die Segelpose bis zu 50 m weit treiben.
Dann sollten Sie allerdings ein Fernglas benutzen, um
vorsichtige Bisse zu erkennen. Sobald die Pose
abtaucht, wird die Schnur gestrafft und sofort ange-
schlagen, damit der Fisch den Haken nicht schluckt.

Köderpräsentation

Ein Hecht hat sehr viel Zeit, einen toten Köderfisch, der sich gar nicht oder nur langsam bewegt, genau unter die Lupe zu nehmen. Er wird alles ignorieren, was ihn misstrauisch macht. Am besten ist eine einfache Montage mit fest stehender Pose. Posen erlauben eine direkte Reaktion und stören kaum. Das Gewicht des Köderfischs reicht gewöhnlich auch für weite Würfe aus. Zusätzliches Blei würde nur die Schnur zwischen die Wasserpflanzen ziehen. Sind die Pflanzen in der Tat ein Problem, wird der Köderfisch durch einen Auftriebskörper, wie Balsaholz oder Styropor, angehoben, den man ins Waidloch oder Maul schiebt. Ein schwebender Köderfisch sinkt nur sehr langsam und bleibt auf den Wasserpflanzen liegen. Auch auftreibende Köderfische, die mit Grundblei in einer bestimmten Höhe gehalten werden, funktionieren eine Zeit lang ganz gut – bis sich die Hechte daran gewöhnt haben.

◄ **HEIMISCHE KÖDERFISCHE**

Ich halte nicht viel von Forellen als toten Köderfischen, aber sie scheinen dort zu fangen, wo Hechte natürlicherweise Forellen jagen. Ein großer Nachteil ist ihr fehlender Geruch, daher empfehle ich, etwas Fischöl zu injizieren. Passen Sie sehr gut auf, wenn Sie mit Spritzen hantieren – eine Luftblase im Blutkreislauf wäre fatal. - Denken Sie gar nicht erst daran, bei Seegang im Boot eine Spritze zu benutzen.

◄ **LANDUNG**

Ein gut am Köderfisch gehakter Hecht am Ufer. An den freien Drillingshaken ist schön zu sehen, dass der Anhieb genau zur rechten Zeit gesetzt wurde. Wird jetzt ein Kescher verwendet, dürften sich die Spitzen rettungslos im Netz verhaken und wahrscheinlich den Hecht verletzen. Daher ist es weit günstiger, den Hecht mit der Hand zu landen; bis Sie jedoch wirklich sicher sind, sollten Sie zum Schutz ihrer Finger einen kräftigen Lederhandschuh überstreifen.

IMPROVISATION IST ALLES ▶

Man wird nicht oft eine kleine, tote Äsche als Köderfisch sehen. Die Aufnahme entstand in der Mongolei, wo Äschen die wichtigste Beute für den Taimen darstellen. Wieder einmal zeigte sich, wie gut es ist, die natürliche Beute zu kennen. An diesem Tag war uns das Blei ausgegangen, also packten wir ein paar Kieselsteine vom Ufer in einen Plastikbeutel und nutzten ihn, um den Köder zu beschweren. Für jedes Problem gibt es eine Lösung.

DIE POSE ▶

Anders als man vielleicht erwarten würde, fangen durchsichtige, hohle Kunststoffposen das Licht ein und reflektieren es unter Wasser. Auch flach liegende Posen sind, vor allem im klaren Wasser, sehr gut sichtbar. Am besten angelt man daher mit einer kompakteren Pose, die zwischen Schwimmpflanzen oder Blättern platziert wird, um misstrauische Räuber zu überlisten.

ATTRAKTIVES AROMA ▶

Dieses Bild beweist, warum ich am liebsten stark riechende, tote Köderfische verwende: Ihr Duft lockt zahlreiche kleine Fische an, die sich wie wild auf den Köder stürzen und dabei das Wasser kräftig aufrühren. Das bekommen auch Raubfische mit, die sich meterweit abseits aufhalten. Ihre Instinkte werden geweckt und sie folgen den Signalen, angelockt von den kleinen Fischen und Ihrem Köder.

Im Raubfischrevier

Gezwungenermaßen streifen Raubfische auf der Suche nach Beute, zur Paarungszeit, beim Ablaichen oder als Reaktion auf veränderte Umweltbedingungen umher. Viele nisten sich jedoch zumindest zeitweilig in einem festen Revier ein. Vor vielen Jahren unterhielt ich mich mit dem bekannten Hechtangler Vic Bellars. Er meinte, wenn man einen völlig leeren, mehrere Morgen großen Teich mit Hechten besetzt und einen Kühlschrank hineinwirft, hätten sich binnen einiger Tage alle Fische um den Schrank versammelt. In einer reizlosen Umgebung wirkt jeder Fremdkörper wie ein Magnet. Sein enges Revier ist deswegen so wichtig für einen Raubfisch, weil er hier die meiste Zeit verbringt - er wartet auf Beute, verdaut sie und verlässt es nur, wenn ihn der Hunger zu sehr plagt. An den besten Plätzen stehen für gewöhnlich auch die größeren Fische. So bietet der Schelfsockel der Ostsee exzellenten Schutz vor Strömungen und Gezeiten; hier verlaufen die Wanderrouten für wichtige Futterfische, wie die Heringe. Ahnen Sie schon etwas? Genau! Hier stehen die größten Ostseehechte.

▲ SÄGEBARSCH

Diese Fische besetzen gewöhnlich große Reviere, doch wenn sich ihnen die Möglichkeit bietet, bevorzugen sie die Sicherheit eines Hafens, wo sie sich hinter Stützpfählen oder zwischen Felsspalten verstecken können.

Die Bedeutung von Strukturelementen

Wenn man versucht, ein Gewässer zu „lesen", stößt man zwangsläufig auf dessen Strukturelemente und Bodenmerkmale. Typische Strukturelemente wären etwa Schilfzonen und Krautbetten, umgestürzte Bäume sowie künstliche Fremdkörper, wie versenkte Autos oder Stege. Zu den Bodenmerkmalen zähle ich die Eigenheiten des Seebodens, z.B. sein Relief oder einen Wechsel im Bodenmaterial, sowie Barschberge, Plateaus, Kämme und Rinnen. Wenn sich in bis zu 90 % eines Gewässers niemals Fische aufhalten, wie findet man dann die restlichen 10%? Manche Angler stützen sich dabei auf elektronische Hilfsmittel, wie Tiefenmesser oder Echolote (Fischfinder). Für kleinere Gewässer reichen oftmals Polarisationsbrille und Boot aus. Vergessen Sie niemals, die Tiefe gründlich auszuloten; oder schreiben Sie sich auf, wo es erfahrene Angler versuchen. Für einige größere Gewässer sind sogar Tiefenkarten erhältlich.

KÜNSTLICHE FREMDKÖRPER ▶

Fische werden von Strukturelementen wie magisch angezogen, insbesondere wenn das Gewässer ansonsten strukturlos ist. Befinden sich solche Strukturelemente außerdem noch in der Nähe eines markanten Reliefs, wie steil abfallendem Grund, wirken sie noch anziehender. Dieses Abflussrohr vor dem Damm lockt kleinere Fische, größere Raubfische (Flussbarsche) und sogar Wasserschildkröten an.

MÜLL ▶

Dieser alte Autoreifen wurde von einer Brücke in einen Fluss geworfen; etwa 60 m weiter stromabwärts blieb er schließlich liegen. Nach einem Jahr war er in den sandigen Boden eingesunken und wurde zur Zuflucht von Elritzen, Groppen und sogar Krebsen. Dann siedelte sich eine große Bachforelle an und blieb im Schutz des Reifens mehrere Jahre. Jetzt hat ein fünf Pfund schwerer Döbel diesen Wohnsitz übernommen.

◄ **BARSCHE UND MENSCHEN**

Flussbarsche passen sich von allen Raubfischen am besten an und sind zudem besonders neugierig. Jedes Mal, wenn ich tauche, stellen sie sich als erste ein und untersuchen mich, vielleicht vermuten sie Nahrung, wahrscheinlich jedoch eher ein potentielles neues Versteck! Dieser spezielle Barsch ließ sich nicht aus der Nähe einiger alter Töpfe vertreiben. Als Bootsangler bekommt man nicht mit, dass sich sofort Barsche am Seil einstellen, wenn der Anker fällt. Während also der hoffnungsvolle Barschangler Wurf um Wurf in den See verschwendet, warten die Fische direkt unter seiner Rutenspitze!

▲ **SCHÜTZENDE DECKUNG**

Wenn Flussbarsche weder Kühlschränke, Ankertaue noch Krüge finden, halten sie sich an die Natur. Diese kleinen Raubfische geben sich bereits mit natürlichen Strukturelementen des Gewässers zufrieden, wie etwa diesem versunkenen Erlenzweig. Hierhin können sie sich zurückziehen, sind vor dem Licht geschützt und fühlen sich in ihrem kleinen Kokon sicher. Natürlich müssen sie ihre Deckung verlassen, um Beute zu machen und die Umgebung zu erkunden, aber spätestens wenn Gefahren drohen, kehren sie in die Sicherheit ihres Erlenzweiges zurück.

PRÄZISE WÜRFE ▶

*Günstiger könnten natürliche Struktur-
elemente kaum sein – diese Bäume
stehen in 1,50 m tiefem Wasser. Der
Standort ist recht langfristig vorhanden, bietet hervorragende Deckung
und Schutz vor der brennenden Sonne.
Außerdem bildet rund 5 m vor den
Baumwurzeln eine tiefe Rinne ein
markantes Relief. Die Aufnahme entstand in Spanien; hier hatten sich
Schwarzbarsche angesiedelt, es könnten aber ebenso gut Flussbarsche oder
Hechte sein. Wer hier erfolgreich sein
will, muss punktgenau werfen. Unter
solchen Bedingungen braucht man
unbedingt stärkeres Gerät. Entscheiden Sie sich für eine Schnur mit dop-
pelter Tragkraft wie üblich. Es wäre
kaum übertrieben, für einen drei bis
vier Pfund schwereren Barsch eine
10 kg tragende Schnur aufzuspulen.*

TRÜBE AUSSICHTEN ▶

*Vor allem beim Tauchen im Flach-
wasser stößt man regelmäßig auf solche Stellen. Wild durcheinander wach-
sende, verfilzte Wasserpflanzen, vielleicht auch Wurzeln, Algen und das
übliche Treibgut eines normalen
Gewässers. Es ist schwer zu beschrei-
ben, was an solchen Stellen eigentlich
entstanden ist, aber häufig ist das
Wasser hier mehrere Grad kühler als
die Umgebung. Als Taucher fühlt man
diesen Temperaturunterschied körper-
lich und an heißen Tagen stellen sich
regelmäßig einige Hechte ein, die
Kühlung suchen.*

◄ **UNTERWASSERPFLANZEN**

In einem Gewässer wachsen die unterschiedlichsten Pflanzen: Schwimmpflanzen, Unterwasserpflanzen und Schilf. Allein die Binsen sind mit über 50 Arten vertreten. Manche Pflanzen ziehen die Fische an, andere wirken eher abschreckend, daher braucht man etwas Erfahrung, um zu differenzieren. Allerdings geht man niemals falsch, wenn man es in der Nähe von Binsen versucht. Zwischen ihren Wurzeln suchen Schleien nach Nahrung und auch die meisten Raubfische schätzen die Sicherheit, die ihnen ein Standort mit Binsen bietet.

▲ **LEBENDER UNTERSCHLUPF**

Im Wasser stehende, lebende Büsche oder Bäume können sehr anziehend wirken. Ihre Blättern locken Insekten an, die gelegentlich ins Wasser fallen und als Nahrung sowohl für Raub- wie ihre Beutefische dienen. Hat ein Raubfisch Glück, brütet sogar ein Vogel zwischen den Zweigen – und Nester eröffnen die Hoffnung auf einen allzu ehrgeizigen Jungvogel. Im Sommer bietet das Laub Schatten und – natürlich – sind lebende Gehölze viel besser als dauerhaftes Revier geeignet als totes Holz.

ANGELN IM ZWEIGGEWIRR ▶

In solchen Bereichen darf man fast sicher auf einen Raubfisch hoffen, aber wer es hier versucht, muss sehr präzise werfen. Versuchen Sie es mit einer kürzeren Rute und einer robusten Qualitäts-Multirolle. Außerdem sollten Sie an ihrem Unterhandwurf arbeiten: Es geht nicht darum, einen Köder bis zum Horizont zu schleudern, sondern ihn punktgenau an eine besonders vielversprechende Stelle zu schlenzen. Jeder Wurf muss mit höchster Konzentration ausgeführt und der Köder möglichst parallel zu den Pflanzenbetten geführt werden, damit er auch wirklich optimal wirkt.

▲ **BEUTE VORTÄUSCHEN**

Wenn die Raubfische, hinter denen Sie her sind, zu clever sind, kommt es darauf an, ihnen einen Köder zu präsentieren, der ihrer natürlichen Beute entspricht. Typisch sind diese Stichlinge: Sie haben sich in einem Pflanzenbett mit vielen Zweigen etabliert und werden von kleineren Hechten und Barschen verfolgt. Daher bieten sich in solchen Bereichen winzige Wobbler und Fliegen oder vielleicht verlockende Jigs als Köder an. Auch Krauthaken, bei denen ein Stahldraht die Spitzen schützt, wären eine sinnvolle Anschaffung. Reicht das nicht aus, können Sie auch eine Hakenspitze des Drillings abschneiden, um weniger Kraut einzufangen.

Krautfelder unter Wasser

Wer ein wirklich gutes Strukturelement gefunden hat, ist auf der Siegerstraße: Es wird zweifellos weitere Fische anlocken und damit auch die entsprechenden Raubfische. So bietet etwa ein dichtes Krautfeld in einem Fluss auf einer Strecke von fast 100 m sichere Deckung. Auch andere Strukturelemente dieser Größe haben jahrelang Bestand und werden zahllose Fische anziehen. Hier herrscht ein Wunderland aus Licht und Schatten. Es gibt kühle Bereiche und Stellen, an denen die Oberflächenströmung fast völlig abgeschirmt bleibt. Zwischen dem Kraut finden die Fische auch reichlich Futter. Ein weiterer Vorteil von Krautfeldern ist die Tatsache, dass sie Anglern „schwierig" erscheinen und daher meist verschont bleiben. Selbst im Winter, wenn die Temperaturen sinken und das Kraut abstirbt, bleibt das Feld attraktiv: Fische finden noch immer genügend Deckung zwischen den Pflanzen am Boden, während das Wasser über sie hinwegströmt.

▲ **GIERIGE ROTAUGEN**
Diese Stelle ist ein Paradies für Rotaugen, die in diesem Fluss die Hauptnahrung der Hechte stellen. Rotaugen wissen recht gut, dass Hechte selbst in solchen Unterwasserdschungeln eine Bedrohung darstellen, doch die Vorteile des Krautfeldes wiegen die Gefahr auf. Hier finden die Rotaugen Schnecken, Käfer, Köcherfliegenlarven, Kleinkrebse ... so gut wie alle Nahrungsquellen in großer Menge. Ob Sommer oder Winter, einem Krautfeld können Rotaugenschwärme kaum widerstehen.

TIEFLÄUFER ▶

Wenn jagende Hechte in der Nähe sind, verhalten sich Rotaugen ruhelos und flitzen hin und her. Diese Rotaugen fressen jedoch, alles scheint ruhig. Offenbar dösen die Hechte mucksmäuschenstill irgendwo herum, d.h. es muss etwas Drastisches passieren, um sie zu interessieren. Möglicherweise funktioniert ein tief tauchender Wobbler. Allerdings müssen Sie kurz und gezielt werfen und den Wobbler mit kurzen Zupfern abtauchen lassen. Irgendwann wird ein auffälliger Wobbler den Hecht aufschrecken und ihn stören.

FLACHLÄUFER ▶

Sollte das Kraut den Einsatz tief laufendender Wobbler nicht zulassen, müssen Sie auf einen Köder umsteigen, der an der Oberfläche oder zumindest ziemlich flach läuft. Vielleicht haben Sie vorher mit dem tief laufenden Wobbler schon einen Hecht aufgeschreckt, der nun bereit ist für die Jagd. Zumindest scheint dieser Hecht den flach laufenden Wobbler recht aufmerksam zu betrachten.

VERLETZTE FISCHE ▶

Wenn man sich die frischen Wunden im Fleisch dieses Rotauges anschaut, wird die Dynamik dieses Lebensraumes deutlich. Hier im Krautfeld müssen sowohl Rotauge als auch Hecht Tag für Tag um ihr Überleben kämpfen. Bei diesem Rotauge begann sich die Umgebung der Wunde zu entzünden, es wurde langsamer und kurz darauf fiel es einem Hecht zum Opfer.

Im Meerwasser

Das Schöne am Angeln mit Kunstködern ist, dass sich damit praktisch jede Tür in der Welt der Fische auftut. Mit Kunstködern kann man nicht nur Raubfische, sondern auch Karpfen fangen. Man kann mit seiner Köderbox in beinahe jedes Land der Erde reisen und wird dort ziemlich sicher schon bald mit gebogener Rute am fremden Gewässer stehen. Inzwischen versuchen immer mehr Süßwasserangler mit zunehmendem Erfolg ihr Glück am Meer. Obwohl das Meer ein unglaublich großes Angelrevier ist, gelten hier dieselben Regeln. Wenn Sie den Fisch verstehen und das Wasser unter der Rute „lesen" können, werden Sie ihren Köder sicher nicht in eine fischlose Wasserwüste auswerfen. Am besten beginnt man seine Erfahrungen am Meer an menschlichen Bauwerken wie Häfen, Molen, Landungsbrücken usw. Hier halten sich viele Fische auf, hier können Sie Wobbler, Blinker, Spinner und Jigs mit guten Chancen spielen lassen.

▲ **IN DECKUNG**

Häfen, Freizeithäfen und Molen – überall wo Boote sind, gibt es auch Fische. Kleinere Fische lieben den Schatten unter den Booten; er schützt sie vor Licht und gefiederten Feinden – natürlich stellen sich hier auch die Räuber ein. Allerdings sollten Sie vorher abklären, ob man angeln darf, denn nicht in allen Häfen ist dies erlaubt. Achten Sie vor allem auf die Ankertaue: Ein Fisch, der die Schnur im Drill um ein Ankertau wickelt, geht mit Sicherheit verloren. Am Tag geht es in Häfen meist sehr geschäftig zu; Sie sind daher besser beraten, am frühen Morgen oder in der Abenddämmerung angeln zu gehen.

UNGEWÖHNLICHE STRUKTURELEMENTE ▶

Diese Jungfische haben sich um römische Tonscherben versammelt – ein gutes Beispiel dafür, wie der Mensch mit seinen küstennahen Hinterlassenschaften Fische anziehen kann. Wellenbrecher, Steine, Bootsslips, Promenaden und Molen sind nur einige Beispiele für menschliche Bauwerke, an denen sich Fische konzentrieren. Wer lieber vom Boot aus angelt, findet an versunkenen Wracks perfekte Bedingungen vor.

▲ **MAKRELENSAISON**

Wenn Sie gerade erst mit dem Meeresangeln beginnen, sollten Sie es mit den entgegenkommenden Makrelen versuchen. Man findet sie im Sommer entlang der meisten Küsten, wo sie sich dem Ufer genügend weit für eine leichte Spinnangel annähern – eine normale Süßwasserausrüstung mit einer 4 kg tragenden Schnur reicht völlig aus. Als Köder sind kleine Spinner, vielleicht mit etwas roter Wolle am Drilling dekoriert, für den Anfang bestens geeignet. Suchen Sie sich einen guten Aussichtspunkt, etwa einen vorspringenden Felsen und beginnen Sie zu werfen. Warten sie, bis die Fische zu Ihnen kommen; oder Sie sind mit leichtem Gepäck unterwegs, bleiben beweglich und gehen aktiv auf die Suche nach den Fischen.

Gummiköder

Köder aus Weichplastik auch „Gummiköder" oder einfach Jigs genannt ... wovon reden wir hier überhaupt? Es geht weder um Geheimnisse noch Magie, sondern um Köder, die aus weichem Kunststoff hergestellt werden und verschiedenen lebenden Tieren gleichen. Diese Methode ist in den USA, Skandinavien und Ost- und Mitteleuropa weit verbreitet. In Südafrika glaubt man sogar, dass sich jedes Lebewesen in einem Gewässer „mit Gummi" fangen lässt.

Köder aus Weichplastik werden in einer unglaublichen Vielfalt an Größen, Formen, Farben und Aktionen angeboten. Man bekommt so gut wie jedes Tier in einer Gummiversion – Fische, Würmer, Garnelen, Frösche, Flusskrebse, Heuschrecken, Sandaale, Krabben, Tintenfische und jede Art von wabbeliger Made, die man sich nur vorstellen kann. Wie fängt man am besten an? Viele Hersteller bieten recht günstige Fertig-Sortimente an, die für den Anfang ausreichen. Damit verfügt man über eine echte Wundertüte mit Gummiködern jeglicher Art. Nun kommt es nur noch darauf an, zu experimentieren und sich zum Wesentlichen dieser sehr effektiven Methode durchzuarbeiten.

▲ EIN STOLZER ANGLER
Dieser prachtvolle Hecht fiel morgens im Flachwasser auf einen Gummi-Shad herein; wahrscheinlich hatte er abgelaicht, war hungrig und schaute sich nach einem leichten Mahl um.

Erfolg in der Ostsee

Wie gut Gummiköder wirklich fangen, ist mir spätestens seit etwa vier Jahren klar: Damals war ich mit meinem guten Freund Johnny Jensen und zwei ausgezeichneten schwedischen Guides in der Ostsee auf Angeltour. Es war ein prachtvoller Apriltag vor der schwedischen Küste, und ich warf wie üblich meine diversen Wobbler aus. Ich landete auch einen Fisch, einen Hecht von rund 3 kg. Die beiden Schweden und Johnny hielten sich an Gummiköder und holten rund 60 Fische heraus. Am nächsten Tag dasselbe Bild: Ich angelte mit mäßigem Erfolg mit Wobblern und Spinnern, während den anderen zahlreiche gute Hechtfänge gelangen. Am Ende des zweiten Tages musste ich mich schließlich geschlagen geben und stieg auf die Gummis um. Die Botschaft war klar: Köder aus Weichplastik können fantastisch fangen – aber man muss lernen, sie optimal zu präsentieren.

▲ **WILDER ANGRIFF**

Steigende Temperaturen, klares Wasser und hungrige, aggressive Hechte ... eine ideale Kombination für Gummiköder. Dennoch kann man mit ihnen sehr gut auch in kühlerem, schlammigerem Wasser fangen – doch davon später. Dieser spezielle Fisch biss ganz nahe am Boot. In der Tat stellt man immer wieder fest, dass Hechte einem Gummiköder sehr lange folgen, ehe sie sich zum Biss entschließen. Es kommt daher darauf an, den Köder unbedingt kontrolliert bis fast vor seine Füße einzuholen.

◄ **ENDLICH ERSCHÖPFT**

Derselbe Fisch kurz vor dem Boot; allerdings hatte er vorher vier bis fünf kraftvolle Fluchten unternommen. Diese beiden Tage mit Johnny, Pers und Hakken waren wie eine Erleuchtung. Was hatten sie mich gelehrt? Standort, Standort, Standort. Meine Freunde brauchten ewig, bis sie sich für eine Bucht entschieden. Viel Zeit ging für das Studium des Echolotes drauf, insbesondere suchten sie nach Plateaus mit rundum abfallenden, steilen Kanten. Zweite Wahl waren die dichtesten Schilfzonen, die sie finden konnten. Außerdem warfen sie gezielter als ich, nachdem ich auf Gummi umgestiegen war. Wahrscheinlich hatte ich Angst zu weit zu werfen und den Köder zu verlieren, vielleicht war ich auch nicht an das Gewicht und die Flugeigenschaften des Köders gewöhnt. Während sie ihre Köder mit jeden Wurf präzise an der Schilfkante platzierten, fielen meine Würfe stets etwas zu kurz aus. Dieser halbe Meter machte den Unterschied.

◄ **EIN SCHÖNER FISCH**

Diesen Fisch hatte Pers wirklich verdient. Es war ein Genuss, ihm bei der Arbeit mit dem Köder zuzusehen. Seine Technik erinnerte mich an das Fischen mit der Fliegenrute. In jeder Sekunde hatte er die Kontrolle über seinen Jig. Wie ein Meister beim Fliegenfischen, der niemals die Fliege aus dem Auge verliert, die auf eine Forelle zutreibt, verfolgte Pers mit Adleraugen den Weg des sinkenden Köders. Er achtete auf jedes Zupfen an der Schnur, das einen Biss signalisieren könnte. Dann ließ er den Jig auf dem Boden liegen, 100 % gespannt, ob der bewegungslose Köder gepackt wurde. Erst dann holte er ihn makellos ein – manchmal nur mit einem Zucken oder Stottern der Rutenspitze. Dann wieder ein rascher, kurzer Zwischenspurt; der Jig stieg auf, nur um aufs Neue unwiderstehlich auf den Grund abzusinken.

Nachahmung der Natur

Auf einer Reise nach Spanien fanden wir einen Standort, an dem sich unglaubliche Mengen von Forellenbarschen versammelt hatten, ein besonders reizvoller Raubfisch. Wir versuchten es mit allen möglichen Arten von Fliegen. Nichts. Spinner? Nichts. Kleine Wobbler? Ich könnte schwören, sie lachten uns aus. Erst als ich es mit einem kleinen Flusskrebs aus Gummi versuchte, kam Bewegung in die Sache.

Das ist einer der größten Vorteile von Ködern aus Weichplastik: Es gibt so viele verschiedene Farben, Formen und Größen, die so viele unter Wasser lebende Tiere nachahmen, dass praktisch immer noch eine Option bleibt. Es gibt immer noch einen Trick, immer noch einen ungenutzten Gummi in der Köderbox, der eine Chance bekommen könnte. Und das ist das Wichtigste: Wenn man bereit ist, sich auf diese Methode einzulassen, wird man faszinierende Angelerlebnisse haben.

▲ **DER FLUSSKREBS**

Es gibt kaum einen Raubfisch, der nicht nach einen Flusskrebs schnappen würde, der sich frei und ungedeckt auf dem Gewässerboden bewegt. Selbst die bedrohlichen, großen Scheren werden einen hungrigen Fisch wohl kaum davon abhalten. Beobachten Sie einen Flusskrebs in der Natur – das ist der Schlüssel für erfolgreiches „Gummifischen". Waten Sie durch das Flachwasser und drehen Sie ein paar Steine um, scheuchen Sie einen Flusskrebs auf und beobachten Sie, wie er versucht, sich zu verstecken und dann rückwärts hastet, um dem Feind zu entgehen. Genau so sollten Sie auch ihren Gummiköder führen. Versuchen Sie, ihn so natürlich wie möglich aussehen zu lassen. Lassen Sie ihn zu Boden sinken, eine Weile verharren und schnellen Sie ihn dann mit großer Geschwindigkeit etwa einen halben Meter zurück. Dann sollte er sich wieder niederlassen, vielleicht sogar in einer natürlichen Spalte.

◄ **ABSINKEN**

Wassermolche werden von buchstäb-lich jedem Fisch verschlungen, der gerade vorbeischwimmt. Natürlich benutzt man ebenso wenig echte Molche wie echte Krebse, sondern hier kommen die Gummiköder ins Spiel. Molche verbringen viel Zeit in Boden-nähe, meistens gut gedeckt. Manch-mal lassen sie sich sehr langsam, mit ausgebreiteten Vorder- und Hinter-beinen, zu Boden sinken; vielleicht ver-suchen sie auf diese Weise unentdeckt zu bleiben. Beobachten Sie, merken Sie sich das Verhalten und lassen Sie ihren Gummimolch entsprechend agieren.

▲ **AUFSTEIGEN**

Suchen Sie nach einem Köder aus Weichplastik, der den Molchen in Ihrem Gewässer in Farbe und Größe entspricht. Einige Arten haben gelbe Bäuche, andere sind eher grün oder orange. Probieren Sie verschiedene Köder so lange aus, bis Sie einen fängigen Gummi gefunden haben und lassen Sie ihn natürlich agieren. Er sollte nach dem Wurf langsam zu Boden sinken, dabei vielleicht kurz zucken. Auf dem Grund bleibt er eine oder zwei Minuten liegen; erzeugen Sie durch kurze Rucke an der Schnur ab und zu ein Schlammwölkchen. Da Molche Luft atmen, müssen sie regelmäßig auftauchen: Sie steigen rasch auf und lassen sich langsam wieder sinken, also sollte auch der Gummi in schnellen, kräftigen Zügen steigen. Während Sie die Prozedur geduldig wiederholen, bleibt die Schnur unter ständiger Kontrolle, um kein Zeichen eines Bisses zu verpassen. Ver-gessen Sie nicht, ein Stahlvorfach zu verwenden, immerhin könnte ein Hecht in der Nähe sein.

SCHLANGENBABYS ▶

Es ist verblüffend, wie viele Schlangen am und im Wasser leben. In Spanien habe ich immer wieder junge Ottern beobachtet, die versuchten, kleine Buchten am Fluss zu überqueren. Viele schafften es nicht! Sie schwammen auf der Oberfläche, den Kopf erhöht, den Körper zu einem leichten S gekrümmt und sandten feine Wellen aus. Diese Schwimmtechnik lässt sich mit einer Gummischlange recht leicht imitieren. Wie bei den meisten anderen Gummiködern reicht ein einzelner Jighaken. Wenn Sie jedoch eine längere Schlange oder einen Sandaal imitieren möchten, brauchen Sie zwei Haken.

ELRITZEN AUF WANDERSCHAFT ▶

Auch hier kommt es darauf an, sich die Bewegungen dieser Fische einzuprägen. Sie steigen langsam auf, dann schießen sie in kurzen Stößen davon – genau so muss sich auch die Gummiimitation bewegen. Es gibt Gummifische in vielen Designs, die kleinen Fischen ähneln, der Lieblingsbeute vieler Raubfische. Sie bewegen sich aber nur dann lebensecht, wenn Sie den Haken perfekt montieren: Es kommt nicht nur auf die Größe von Bleikopf und Haken an, sondern auch auf die Art und Weise, wie er durch den Köder gestochen wird. Die Köderaktion muss realistisch aussehen. Häufig zahlt es sich aus, den Lauf des Köders in der Badewanne oder im Gartenteich auszuprobieren, bevor er eingesetzt wird.

Bereiten Sie dann eine Reihe von Gummiködern vor und testen Sie im Flachwasser, wie sie laufen; verändern Sie Ihre Montagen solange, bis die Köder eine perfekte Aktion zeigen.

Die Sinne ansprechen

Beim Angeln mit Ködern aus Gummi kommt es darauf an, die Sinne des Raubfisches zu reizen. So sollte man nicht nur nach einem Köder mit der richtigen Farbe und Form suchen; sondern vielleicht sogar mit Geruch und sicher mit einer ansprechenden Bewegung. Farben sind von großer Bedeutung, aber wie sollte man sie bewerten? Vielleicht suchen sie nach einem Gummiköder, der genau die Farbe der vorherrschenden Beute imitiert. Andererseits könnte es sich lohnen, eine Farbe zu wählen, die der Fisch im trüben Wasser deutlich wahrnimmt. Ebenso wichtig sind Form und Größe. Auch hier wäre es möglich, eine Beute nachzuahmen – oder vielleicht gerade nicht? Manchmal könnte es vielversprechender erscheinen, dem Fisch etwas vorzusetzen, wodurch er sich bedroht fühlt oder was ihn reizt und zum Angriff provoziert. Wiederum bietet das Fischen mit Ködern aus Weichplastik eine breite Palette von Möglichkeiten.

◄ **BOOTSANGELN**

Angeln Sie vom Boot aus, wo immer das möglich und erlaubt ist. Das Boot verschafft Ihnen zwei wichtige Vorteile: Man ist völlig frei, auch größere Wasserflächen abzusuchen und den perfekten Standort zu finden, etwa weit ab vom Ufer oder vor einer unzugänglichen Schilffläche. Zweitens bedeutet ein Boot größere Nähe zum Fisch und damit kürzere Würfe und bessere Kontrolle. Je kürzer die Schnur, desto eher nimmt man auch feinste Zupfer wahr.

◄ **KÖDERAUFBAU**

Als ich sah, wie dieser Angler seinen Gummifisch für einen tiefen, relativ klaren Fluss montiert hatte, war ich skeptisch. Ich fand den Karabiner viel zu groß und auffällig. Allerdings meinte er, er wäre hinter großen Fischen her und wolle kein Risiko eingehen. Nachdem ich gesehen hatte, wie attraktiv die Köder unter Wasser aussahen und wie gut sie liefen, musste ich meinen Irrtum zugeben. Nicht alles, was am Ufer falsch aussieht, muss im Wasser versagen.

BEWEGUNG ▶

Erst durch die Bewegung haucht man einem toten Gummiköder Leben ein. Oft reicht ein Twister mit einzelnem Schwanz aus, für andere Gelegenheiten ist ein Doppelschwanztwister viel besser geeignet, weil er die Bewegung übertreibt. Ein Doppelschwanz fängt mehr Licht ein, er glitzert auffälliger und manchmal ist es genau das, was einen Fisch zum Biss reizt.

DUFT ▶

Achten Sie auf das große Auge dieses Gummifisches – ein perfektes Ziel für einen angreifenden Raubfisch. Bleiben Sie geduldig: Viele Raubfische folgen einem Gummiköder sehr dicht auf und warten lange und geduldig ab, ehe sie zupacken. Ich glaube, dass diese letzte Entscheidung auch vom Duft abhängt, daher sollte man seinen Köder mit Lockstoffen imprägnieren oder – falls das keinen Erfolg hat – Fischöl aufstreichen oder injizieren.

EIN GUTES GEFÜHL ▶

Ein Gummiköder punktet auch dann, wenn es um die Konsistenz geht – hier unterscheidet er sich wesentlich von den künstlichen Wobblern und anderen Ködern aus Holz, Kunststoff oder Metall. Viele Raubfische saugen den Köder in der Tat ein und spucken ihn wieder aus, bevor sie sich entscheiden. Besonders bekannt für diese Marotte sind Forellenbarsche und große Flussbarsche. Selbst ein Köder, der wie hier bewegungslos auf Grund liegt, kann einen neugierigen Raubfisch reizen.

▲ SCHONEND HAKEN

Obwohl Angeln in erster Linie Spaß machen soll, hat die schonende Behandlung der Fische höchste Priorität. Da lebensechte Köder aus Weichplastik sehr attraktiv wirken, werden sie häufig sofort verschlungen, insbesondere von Arten mit großem Maul, wie Hechten. Um den Fisch nicht unnötig zu verletzen, sollte man einige Regeln beachten: Verwenden Sie vorrangig Einzelhaken und wenn das nicht geht, dünndrähtige Drillinge. Halten Sie die Schnur beim Drill stets unter Spannung, um den Fisch nicht zu verlieren. Nehmen Sie grundsätzlich eine langschenklige Lösezange mit. Dieser Gummifisch wurde mit einem Einzelhaken ohne Widerhaken bestückt, sodass er sich problemlos abhaken lässt.

◄ ACHTEN SIE AUF DIE TEMPERATUR

Wenn man das Angeln mit Ködern aus Weichplastik ernst nimmt – und das sollte man – lohnt es sich, die Wassertemperatur mit einem Thermometer zu prüfen. Jeder Kunststoff reagiert anders auf steigende oder sinkende Temperaturen. Manche werden hart und zeigen kaum noch Aktion, andere scheinen fast wegzuschmelzen! Dieser Köder gehört zu meinen Lieblingen, da er vor allem in warmen Wasser eine perfekte Aktion zeigt. Um herauszufinden, wie sich ihre Köder verhalten, dürfen Sie ruhig Ihre heimische Badewanne zum Teich machen. Testen Sie ihre Köder bei verschiedenen Temperaturen und halten Sie die Ergebnisse dann fest.

LEBHAFTE AKTION ▶

Der Schwanz dieses Twisters beginnt sich erst ab einer bestimmten Geschwindigkeit unwiderstehlich zu bewegen. Als Angler muss man das wissen, sonst wird es kaum gelingen, ihn wie einen flüchtenden Molch oder Wurm aussehen zu lassen. Sortieren Sie ihre Gummiköder noch im Badezimmer in verschiedene Kategorien ein – von heftiger Aktion bis zu verhaltener Bewegung – und testen sie die Beweglichkeit der Köder in der Badewanne. Experimentieren Sie auch mit Anordnung und Größe der Haken, sowie dem Gewicht von Jigkopf und Haken. Eine Strömung lässt sich mit Hilfe eines Duschkopfes simulieren, den man unter Wasser hält. Auf diese Weise sehen Sie, wie sich der montierte Gummiköder in fließendem Wasser verhält.

Die Arbeit mit dem Köder

Heben Sie den Köder mit der Rutenspitze an.

Der Jigkopf schlägt auf den Boden auf.

Versuchen Sie, ihn schlängelnd durch das Wasser zu ziehen.

Versuchen Sie, sich in die Aktion des Gummiköders hineinzuversetzen; er sollte sich so lebensecht wie möglich bewegen. Holen Sie ihn mit unterschiedlicher Geschwindigkeit ein und bewegen sie die Rutenspitze auf und ab, hin und her. Gelegentlich darf der Bleikopf ruhig auf Grund schlagen und etwas Schlamm aufwirbeln, damit der Eindruck eines kleinen Fisches entsteht, der zu fliehen versucht oder eines Krebses, der nach einem Versteck sucht. Experimentieren Sie mit Gummiködern in unterschiedlichen Farben und Aktionen. Bleiben Sie konzentriert, bis der Jig unter der Rutenspitze erscheint – manchmal erfolgt ein Biss erst in letzter Sekunde.

◀ **DEN JIG PLATZIEREN**

Ein großer Vorteil des Bootsangelns – bei klarem Wasser, hellem Licht und mit Hilfe einer guten Polarisationsbrille – ist die Tatsache, dass man bis auf den Boden sehen kann. Man kann zwar üben, bis man die Führung eines Gummiköders perfekt beherrscht, aber es kommt auch darauf an, welchen Weg er nimmt. Dieser Wurm bewegt sich beispielsweise langsam kriechend eine Steinwand hinauf – natürlicher geht es kaum.

▼ **PROPORTIONEN**

Dieser Twister scheint viel zu groß für den jungen Barsch zu sein; wenn man jedoch bedenkt, dass Barsche Beutefische verschlingen, die ein Drittel ihres eigenen Körpergewichtes wiegen, macht die Köderwahl wieder Sinn. Achten Sie auf die Pflanzenreste am Boden – tote Erlen und Blätter – der Winter hat begonnen. Die Wassertemperaturen sind stark gesunken, und nun hat kein Raubfisch Lust, seiner Beute weite Strecken nachzujagen. Jetzt schlägt die Stunde der langsam geführten Gummiköder: Lassen Sie dem Fisch viel Zeit, zu schauen und sich zu entscheiden.

GESCHWINDIGKEIT ▶

Bei fallenden Temperaturen werden Raubfische wählerisch; ihre Bereitschaft, einem Köder mit dramatisch hin und her schwingender Aktion zu folgen, lässt deutlich nach. Entscheiden Sie sich daher besser für einen eher zurückhaltenden Köder, der aber dennoch überzeugend aufreizend geführt wird. Zu Beginn des Winters kommt es entscheidend auf die Sinkgeschwindigkeit des Jigs an. Zählen Sie die Sekunden, während er bis auf den Boden absinkt, so lässt sich die Tiefe des Wassers abschätzen. In kaltem Wasser halten sich die Raubfische mit Vorliebe in Grundnähe auf, daher sind die Erfolgschancen hier am höchsten. Dieser sehr schnell sinkende Shad ist bestens zum Absuchen des Grundes geeignet.

DIE FLIESSENDE FLIEGE ▶

Obwohl sie nicht aus Weichplastik bestehen, haben solche großen Fliegen einiges mit einem Gummiköder gemeinsam. Vor allem zeichnen sie sich durch eine äußerst natürliche Aktion aus. Es ist kein Wunder, dass solche Fliegen aus Fell und Federn in allen Angeltechniken mehr Forellen fangen als Wobbler oder Spinner. Irgend etwas an dem strömenden Wasser in den Fellhaaren oder den eingefangenen Luftblasen scheint ihnen ein absolut „fischiges" Aussehen zu verleihen. Wenn Sie bereits mit Gummiködern geangelt haben, sollten Sie es auch mal mit solchen Fliegen versuchen, denn auch sie ahmen die Natur perfekt nach.

Schwarz- und Forellenbarsche

Wer noch nie auf Schwarz- oder Forellenbarsche gefischt hat, sollte es unbedingt versuchen. Erst dann versteht man, warum Amerikaner und Spanier so verrückt nach diesen Fischen sind. Sie sehen nicht nur hübsch aus und sind gute Kämpfer, sondern sind auch die dreistesten, neugierigsten und raffiniertesten Fische, die jeden Angler absolut zur Raserei treiben können. Sie werden zwar nicht besonders groß – rund zwei Kilogramm sind bereits ein gutes Gewicht für einen Forellenbarsch – aber darauf kommt es nicht an. Diese Fische liefern den ultimativen Kick. Ich habe in den USA viele Schwarzbarsche gefangen, die meisten jedoch in Spanien, daher beschränken sich meine persönlichen Erfahrungen auf Angelerlebnisse bei warmem Wetter. In den wärmeren Monaten sind die Fische zwar aktiver, aber keineswegs dümmer. Zum Glück haben mir meine spanischen Freunde, lauter erfahrene Experten, dabei geholfen, diese Fische genau zu studieren, vor allem Rafa, der sich als enthusiastischer, kenntnisreicher und mit seinen Ratschlägen sehr freigiebiger Lehrer erwiesen hat.

▲ **WELCHER KÖDER?**

Das reiche Tierleben in den spanischen Gewässern bietet dem Angler breite Auswahl bei seinen Ködern. Es gibt Wasserschlangen, Flusskrebse, alle möglichen Arten von krabbelnden Nymphen und endlose Arten von Kleinfischen. Es wimmelt von Eidechsen, daher ist ein solcher schwarzer Gummiköder selten die falsche Wahl. Sehr empfehlenswert ist ein Boot mit starker Maschine, um in großen Gewässern rasch zwischen potenziellen Standorten wechseln zu können. In der Nähe einer vielversprechenden Stelle sollten Sie jedoch auf die leiseren Ruder wechseln.

WAS DIE SCHNUR VERRÄT ▶

Beim Angeln in flachem, klarem Was-
ser kann man die Reaktionen der Bar-
sche auf den Gummiköder direkt
sehen. In der Regel wird man jedoch
eher in ziemlich tiefen Wasserschichten
angeln müssen, vor allem an solch
strahlenden Tagen, wenn sich die Bar-
sche kaum von den Felsen weg bewe-
gen. Sobald der Köder nicht mehr
sichtbar ist, müssen Sie sich ganz auf
die Zeichen der Schnur verlassen – sie
verrät, wann der Köder auf den Boden
prallt, wie er arbeitet (zumindest
ungefähr), und ganz sicher, wenn ein
Fisch Interesse zeigt. Der Biss kann
jederzeit erfolgen – während der Köder
absinkt, wenn er auf dem Boden liegt,
dort gezupft wird oder beim Einholen.
Achten Sie darauf, wie vorsichtig Rafa
die Schnur hält, um auch nicht den
kleinsten Zupfer zu verpassen.

EIN SCHÖNER FISCH HAT DEN
SHAD GENOMMEN ▶

Rafa hatte weit ausgeworfen, die
Schnur straff gehalten und so den
Shad gezwungen, in einem weiten
Bogen abzusinken. Während der
gesamten Sinkphase hatte sich sein
Schwanz lebhaft bewegt. Nachdem er
auf den Boden aufgetroffen war, ließ
Rafa ihn etwas liegen, damit der
Barsch genügend Zeit hatte, ihn zu
prüfen. Ein kurzer Zupfer steigerte die
Neugier des Fisches, dann ein kräftiger
Schlag mit der Rute und der Shad
erwachte zum Leben. Unter dauern-
dem Kontakt holte Rafa den Köder auf
und ab hüpfend ein. Er ließ ihn auf
den Boden fallen und riss ihn wieder
nach oben ... Biss! Das Ergebnis ist
hier zu sehen.

Mit Jigs im Schilf

Die Geschichte spielt in einer Bucht der Ostsee. Man hatte mich in einer weiten Bucht mit flachem Wasser, ausgedehnten Schilfflächen und großen, offenen Wasserflächen abgesetzt – mit einem Wort, die perfekte Szenerie für Hechte und Köder aus Weichplastik. Es war noch früh im Jahr, die Wassertemperaturen eher kühl und wahrscheinlich hatten noch nicht alle Hechte abgelaicht. Alles deutete darauf hin, dass sich einige große, alte Hechtdamen in Ufernähe aufhielten und sich nach kleinen Schwärmen mit Männchen umsahen, um sich zu paaren. Wenn man bedenkt, dass sich hier Fische um die 20 kg herumtrieben, versprach der Tag aufregend zu werden!

▲ **ZUSAMMENGESETZTE KÖDER**

In kühlem Wasser zahlt es sich häufig aus, einen zusammengesetzten Köder zu verwenden. So kann die Hochzeit zwischen einem hölzernen Jerkbait und einem großen Curly-Tail Twister sehr vielversprechend sein. Der Twister sinkt relativ schnell, vielleicht zu schnell für einen lethargischen Hecht. Andererseits treibt der hölzerne Jerkbait stärker auf. Zusammen sinken sie aufreizend langsam ab und wirken in der Kombination ungefähr wie ein verletzter Fisch. In diesem Fall empfahl Pers aber einen ganz normalen Gummifisch, der allerdings so leicht beschwert wurde, dass er langsamer zum Grund taumelte.

BEGUTACHTUNG ▶

Es gibt Tage, da wirkt jeder Grund-
köder aufreizend. Man kann ihn leicht
über den Boden zupfen und dabei
Schlammwölkchen aufsteigen lassen,
die den Hecht aufmerksam machen
und seinen Jagdinstinkt erregen.
Gerade das glitzernde Sonnenlicht auf
den Flanken des Köders, das häufig
den Ausschlag gibt, erregt zu anderen
Zeiten eher das Misstrauen des
Hechtes. An klaren, hellen Tagen
werden dagegen völlig schwarze
Gummifische, die nur als drohende
Silhouette wahrgenommen werden,
mit Vehemenz genommen.

ANGEBISSEN ▶

Wenn ich mit Weichplastikködern auf
Hecht gehe, bevorzuge ich kürzere
Ruten. Am besten komme ich mit
Ruten zwischen 1,80 m und 2,10 m
zurecht. Natürlich gibt es keine Uni-
versalrute für alle Gelegenheiten. An
einem Ende der Skala stehen die
Ruten für das ultraleichte Posen-
fischen, am anderen Ende die starren
Ruten für den Jerkbait. Wählen Sie
Ihre Rute passend zum Gewicht der
vorgesehenen Köder aus. Ich persön-
lich würde Spinnruten von renommier-
ten Firmen empfehlen – ein gutes Bei-
spiel wäre die Technium von Shimano.

Oberflächenköder

Ohne Zweifel gehört die Raubfischjagd mit Oberflächenködern zu den aufregendsten Angeltechniken. Hechte, Döbel, Schwarzbarsche, Rapfen und einige Salmoniden picken sich ihre Beute gierig von der Oberfläche. Unter geeigneten Bedingungen nehmen auch Flussbarsche und sogar Zander solche Köder. Es gibt eine Reihe von sehr unterschiedlichen Oberflächenködern: Die Crawler schwimmen mit heftigem Wackeln an der Wasseroberfläche. Die Chugger oder Popper, die in unterschiedlichen Formen erhältlich sind, zeichnen sich durch eine konkave Vorderfront aus, ähnlich wie ein offenes Maul; sie verursacht die Bewegung und Geräusche. Dann kommen die starren Stickbaits, die darauf angewiesen sind, dass ihnen ein geschickter Angler Leben einhaucht. Viertens gibt es noch die Propbaits, Oberflächenwobbler mit bis zu drei leichten Propellerblättern. Natürlich gibt es noch eine Vielzahl weiterer Modelle – alle dazu geeignet, einen hungrigen Räuber anzusprechen, wenn die Bedingungen stimmen. Ich kenne keine dynamischere und direktere Angelmethode.

▲ **AUF DER LAUER**
Alle Raubfische, insbesondere Hechte, suchen gerne flache Uferstellen auf, wo sie sonnenbaden und nach potentieller Beute ausschauen. Selbst ein scheinbar völlig gelähmter Hecht kann schlagartig explodieren.

Bewertung der Oberfläche

Das Fischen an der Wasseroberfläche verspricht nur dann Erfolg, wenn optimale Bedingungen herrschen. Vor allem muss das Wasser unbedingt ruhig sein. Weder Boote, noch Wasserskifahrer, Schwimmer oder andere Störungen dürfen die friedliche Stille des Wassers brechen. Nächster Punkt auf der Checkliste ist die Wassertemperatur. Auf der Nordhalbkugel eignet sich diese Methode am besten vom Spätfrühling bis zum Frühherbst. Gleichgültig, in welches Land der Erde Sie reisen, solange die Oberflächentemperaturen des Wassers 20° C nicht übersteigen, dürfte sich in den obersten Schichten nur wenig tun. Überprüfen Sie zunächst die flachen Stellen; hier erwärmt sich das Wasser schneller und zieht entsprechend früher Fische an. Auch die Sichtigkeit des Wassers spielt eine Rolle. Ein Oberflächenköder ist in trübem Wasser viel schwieriger auszumachen. Ideal wären somit: Ruhe, unbewegtes, warmes und klares Wasser.

ERREGEND ▶

Ein Raubfisch, der seinen Namen wert ist, wird stets ein waches Auge auf die Wasseroberfläche haben, denn immerhin könnte dort eine lohnende Beute warten. Ein ausgewachsenes Teichhuhn hat keine Hechte, bis auf sehr große Exemplare, zu fürchten, allerdings sorgen die blitzenden Lichtreflexionen auf ihren Schwimmfüßen und dem Bauchgefieder immer wieder für Aufmerksamkeit. Hechte halten sich ohnehin gerne dort auf, wo viele Teichhühner herumschwimmen, denn sie scheuchen Kröten, Frösche und kleine Futterfische zwischen den Wasserpflanzen hervor.

UNWIDERSTEHLICH ▶

Auch Säugetiere, wie diese Schermaus, fallen durchaus in das Beutespektrum von Raubfischen, insbesondere von Hechten ab einem Gewicht von ein paar Pfund. Im Flachwasser brauchen sie nur abzuwarten, denn alles Gute kommt auch für sie von oben. Als besonders attraktiv können sich Jungvögel erweisen, die gerade flügge werden und aus dem Nest ins Wasser fallen. Sie wären überrascht, wenn Sie sähen, welch große Raubfische sich manchmal in unmittelbarer Ufernähe herumtreiben.

Die Geschichte einer Maus

Wenn Sie sich von den übrigen Anglern abheben wollen und das Oberflächenfischen nur ein wenig anders betreiben, werden sie feststellen, dass es kaum feste Regeln gibt und man noch völliges Neuland beackern kann: Man hatte mich gebeten, einen Köder in Mausform zu testen, und ich war auf eine Bande von kleinen bis mittelgroßen Hechten gestoßen, die sich im flachen, fast stillen Wasser eines Flusses aufhielten. Die Gelegenheit war einfach zu günstig, aber ich brauchte einige Zeit, eine Erfolg versprechende Strategie auszuarbeiten. Das wichtigste Problem war, dass die Burschen nicht hungrig waren: Hier gab es genügend kleine Rotaugen und Barsche, sodass die Hechte sich zwar für meine Maus interessierten, aber absolut nicht in Beißlaune waren. Damit spreche ich einen wichtigen Punkt an: Je hungriger ein Räuber ist, desto eher wird er auf einen Oberflächenköder ansprechen.

◄ **BLICK VON OBEN**

Wenn man berücksichtigt, dass ein Stickbait auch nicht viel anders aussieht als ein Stück Holz, könnte man leicht in den Irrglauben verfallen, dass Oberflächenköder nicht realistisch aussehen müssen – doch da bin ich völlig anderer Meinung. Sobald Ihr Köder einer „echten" Beute gleicht, sind Sie dem Fisch einen Schritt voraus. Dennoch, selbst ein solcher Köder mit wedelndem Schwanz, braucht die Kunst des Anglers, um echt auszusehen. Auswerfen und gedankenlos wieder einkurbeln reicht bei weitem nicht aus.

◄ **BLICK VON UNTEN**

Vielleicht denken Sie, dass ein Hecht von unten nichts weiter sieht als eine dunkle Silhouette und die Wasserwellen, die von ihr ausgehen. Als ich jedoch in sehr flachem Wasser tauchte, sah ich deutliche Farben. Vielleicht nicht ganz so deutlich wie von oben, aber ich konnte doch erkennen, ob etwas grün, blau oder gelb war. Wenn die Bisse ausbleiben, und gar nichts zu helfen scheint, sollten Sie es vielleicht mit einer anderen Farbe versuchen.

ER ZEIGT INTERESSE ▶

Offenbar konnte dieser Hecht die Maus noch aus einer Entfernung von bis etwa 10 m wahrnehmen. Ich will nicht behaupten, dass er sie wirklich sah, aber er schien die Vibrationen zu spüren, die sie ins Wasser sandte. Die Vibrationen erregten sein Interesse; schließlich verließ der Hecht sein Versteck und kam näher, um die Ursache der Störung zu erkunden.

ER SIEHT GENAUER NACH ▶

Der Hecht hat Interesse gezeigt, er schwamm näher bis er die Maus genau sehen konnte und fixierte sie. Nach meiner Erfahrung packen Hechte bei einem Oberflächenköder erst dann zu, nachdem sie ihn sehr gründlich unter die Lupe genommen haben – außer sie sind völlig ausgehungert. Manchmal kann man sie zum Biss verleiten, wenn man den Köder ein paar Sekunden ruhen lässt und ihn dann wie in einer schnellen Flucht einholt. Führt die Flucht dann noch in Richtung Schilf – um so besser – denn nun fürchtet der Hecht, die Beute könnte entkommen.

◄ **KEIN INTERESSE**

Der Hecht schwimmt davon, der Köder hat versagt. Was hätte ich tun sollen? Vielleicht wäre es bei Nacht günstiger gewesen. Häufig findet man in ruhigen, warmen, klaren Nächten Hechte, die mit Wucht ins Flachwasser schießen. Vielleicht hätte ich die Maus vorsichtiger und sorgfältiger bewegen sollen. Bewegen Sie ihren Köder, ganz gleich welcher Art, stets so langsam wie irgend möglich. So kann der Hecht eingreifen und zustoßen. Bei einem langsam geführten Köder kann der Hecht auch seinen Angriff zielgerichteter ausführen. Vielfach gehen Angriffe ins Leere, weil Hechte ganz einfach den Köder verfehlen.

▲ **WECHSEL DER TAKTIK**

Nach mehreren vergeblichen Versuchen, wechselte ich zu einem ultraleichten Mini-Wobbler, wie diesem, dem ich mehr zutraute. Solche Wobbler sind kaum größer als eine Briefmarke. Auf sie greife ich immer dann zurück, wenn alle anderen Köder und Techniken versagen. Mini-Wobbler eignen sich bestens für kleinere Gewässer mit breiten Schilfflächen und vielen Ecken und Winkeln; dort lassen sie sich sehr präzise werfen und führen. Man kann sie auch als Oberflächenköder führen, allerdings nur langsam, sonst geraten sie ins Trudeln und man verliert die Kontrolle.

Wie überlistet man einen Taimen?

Wer gerne mit Oberflächenwobblern angelt, reist wahrscheinlich gerne – Pfauenbarsche in Bolivien, Muskie in Nordamerika, Rapfen in der Wolga, Schwarzbarsche in Spanien oder Florida, Barramundis im Brackwasser vor Australien und der berühmteste Raubfisch, der riesige Taimen in Zentralasien. Es ist schon lange bekannt, dass sich Taimen nachts im Flachwasser versammeln, um Mäuse, Lemminge und vor allem Murmeltiere zu jagen, die den Fluss überqueren. Taimen sind als furiose Oberflächenjäger gefürchtet, weil sie alles angreifen, von einem abtreibenden toten Eichhörnchen bis zum Teddybär eines Kindes! Taimen sind riesig, hungrig und nicht an Angler gewöhnt – was aber keinesfalls bedeutet, sie seien leicht zu fangen. Auch für sie gelten alle Regeln des Angelns mit Oberflächenködern.

AM BESTEN IN DER MORGENDÄMMERUNG ▶

In fast allen Gewässern und für fast alle Raubfische ist die Morgendämmerung die beste Zeit für das Angeln mit Oberflächenködern. Zu dieser Zeit scheinen die Räuber besonders aktiv zu sein. Allerdings können auch Abenddämmerung oder Nacht einen Versuch lohnen. Offenbar führen sich die Räuber in Phasen des Zwielichtes besonders aktiv auf.

KRISTALLKLAR ▶

Die meisten Flüsse im Norden der Mongolei sind kristallklar, zumindest bis sie nach Sibirien kommen. Daher sollte ihr Oberflächenköder so überzeugend wie möglich aussehen. Dieser Mausköder sieht sowohl von oben, als auch – das ist der entscheidende Faktor – von unten absolut lebensecht aus.

◄ **VOLLDAMPF VORAUS**

Gibt es einen aufregenderen Anblick als einen mächtigen Raubfisch, der direkt auf sein Opfer zustürmt? Da ein Taimen wirklich groß wird, braucht man monofile Schnur von mindestens 20 kg Tragkraft. Bei weiten Würfen, insbesondere mit kurzen Ruten, muss die Schnur das gesamte Gewicht abfedern – und Sie wollen doch keinen Schnurbruch riskieren. Hinzu kommt, dass Sie ihren Oberflächenköder häufig in der Nähe von Hindernissen führen müssen, d.h. Sie müssen die Fluchten eines starken, wütenden Fisches notfalls durch extremen Zug lenken. Es wäre nicht zu verzeihen, wenn der Fisch mit dem Köder im Maul entkommt. Und sollte der Fisch gut gehakt sein, mindern Sie mit einer guten Schnur die Gefahr, den teuren Köder durch Schnurbruch zu verlieren.

◄ **DER KRITISCHE MOMENT**

Wie bekommt man einen großen Raubfisch dazu, den Oberflächenköder zu packen? Wenn er sich, wie hier, durch offenes Wasser bewegt, sollten Sie versuchen, den Köder in Richtung Ufer oder eine Deckung zu ziehen, um dem Räuber eine Flucht vorzutäuschen. Versuchen Sie folgenden Trick: Holen Sie etwa 50 cm Schnur ein und reißen Sie die Rutenspitze kurz nach oben und zurück. Der Köder steigt kurz auf und taucht wieder ab, sobald Sie Schnur einholen. Mit diesem Verhalten lassen sich alle großen Raubfische nachhaltig überlisten.

BEIM DRITTEN MAL ERFOLGREICH ▶

Nicht nur Hechte verfehlen bei Gelegenheit einen Köder. Dieser Taimen brauchte drei Anläufe, bis er einen flach tauchenden Wobbler erwischte, der dicht an einem Krautbett geführt wurde. Zu dieser Zeit war der Adrenalinspiegel des glücklichen Anglers schon auf Überdosis angestiegen. Mit seinem kraftvollen Körper und dem breiten Schwanz liefern solche Fische in den felsigen, schnell fließenden Gewässern der Mongolei einen unvergesslichen Drill.

UNTERWEGS ▶

Manchmal ist es zwar durchaus lohnend, immer demselben Fisch mit einem Oberflächenköder nachzustellen, allerdings kaum die Norm. Es macht viel mehr Spaß, neue Gewässer zu erkunden und die Köder „frischen" Fischen anzubieten. In der Mongolei sind die Gewässer im wahren Wortsinn grenzenlos, daher kann man durchaus 30 km an einem Tag wandern. Reisen Sie mit leichtem Gepäck: Rute, Rolle, Vorfächer, genügend Köder, Kescher und, wenn Sie mögen, eine Kamera – los gehts.

ANGEBISSEN ▶

Ein 10 kg schwerer Taimen saugt einen großen Streamer von der Oberfläche. Streamer eignen sich hervorragend für große Raubfische, da unterscheiden sich Taimen kaum von Hechten. Besonders großen Spaß macht das Angeln mit dem Streamer, wenn man sie an die Fliegenrute knüpft, für die sie eigentlich gedacht sind. Aber man kann sie natürlich auch, mit einem Zusatzgewicht, an der ganz normalen Spinnrute einsetzen.

Die Niederlage eines Döbels

Döbel in Fließgewässern sprechen am ehesten auf kleinere Kunstköder an. Ihnen wird sicher bald auffallen, dass die Döbel im Sommer freundlicherweise immer wieder an die Oberfläche kommen. (Wenn ich im Winter tauche, stoße ich nur in größeren Tiefen auf Döbel.) Döbel reagieren auf fast alle Oberflächenköder, sofern sie nur klein genug sind. Allerdings sollten Sie die Modelle regelmäßig wechseln, denn Döbel lernen sehr schnell. Döbel, die einen Köder einmal ablehnen, kehren nicht zurück. Daher sollten Sie in Bewegung bleiben und neue Fische suchen. Döbel findet man zumeist in der Umgebung von Hindernissen, daher müssen Sie sehr präzise werfen. Sollte der Köder nur 30 cm außerhalb des kritischen Standortes landen, werden ihn die Fische garantiert ignorieren. Gehen Sie daher mit einer Ausrüstung ans Wasser, mit der Sie gezielt werfen können.

◄ **KRITISCHE BODENMERKMALE**
Wenn das Gewässer, das sie befischen wollen, keine uferseitige Vegetation aufweist, müssen sie nach markanten Bodenmerkmalen unter Wasser suchen, wie etwa solchen Steinen. Hier suchen Döbel Schutz vor der Strömung und warten auf die reichlich angetriebene Nahrung. Selbst wenn Sie ausschließlich auf Döbel aus sind, sollten Sie die Schnurstärke nicht zu schwach wählen – ich gehe nie unter 5 kg – und ein Stahlvorfach verwenden, falls ein Hecht oder Zander den Köder nimmt.

◄ **BEWEGUNG**
Döbel sind äußerst misstrauisch, daher lohnt es sich vor allem in kleineren, klaren Flüssen, sich von stromab zu nähern. Werfen Sie den Köder stromauf und lassen Sie ihn in der Strömung auf der Wasseroberfläche herumschwingen, während Sie die Schnur einholen. Erst wenn der Köder die Standorte der Döbel erreicht, wird er mit einigen schnellen Drehungen der Rolle unter Wasser gezogen. Kein Döbel kann dieser Bewegung widerstehen.

LERNEN SIE IHREN FLUSS KENNEN ▶

Jede Stunde, die man beobachtend am Ufer verbringt, ist gut genutzte Zeit. Setzen Sie sich eine Polarisationsbrille auf und waten Sie mit Watstiefeln am Ufer entlang. Machen Sie sich ein Bild davon, wo Fische stehen und wie sie sich verhalten. Dieser Oberflächenköder wirkt mit seiner schlagenden Kombination aus Licht und Bewegung sehr überzeugend und wird – hoffentlich – einen Döbel zum Angriff verleiten.

EINE SCHÖNHEIT ▶

Wenn sie noch mit den Ködern experimentieren, versuchen Sie Mäuse, Frösche oder – sehr aufregend – künstliche Heuschrecken. Auch Flusskrebse können erfolgreich sein, dazu alle Arten von Hummeln und Käfern. Sollten auch sie versagen, wie wäre es mit Mini-Rasselwobblern, die diesem Fisch zum Verhängnis wurden. Da es bei letzteren auf die Geräusche ankommt, sollten Sie den Wobbler vorher ausprobieren.

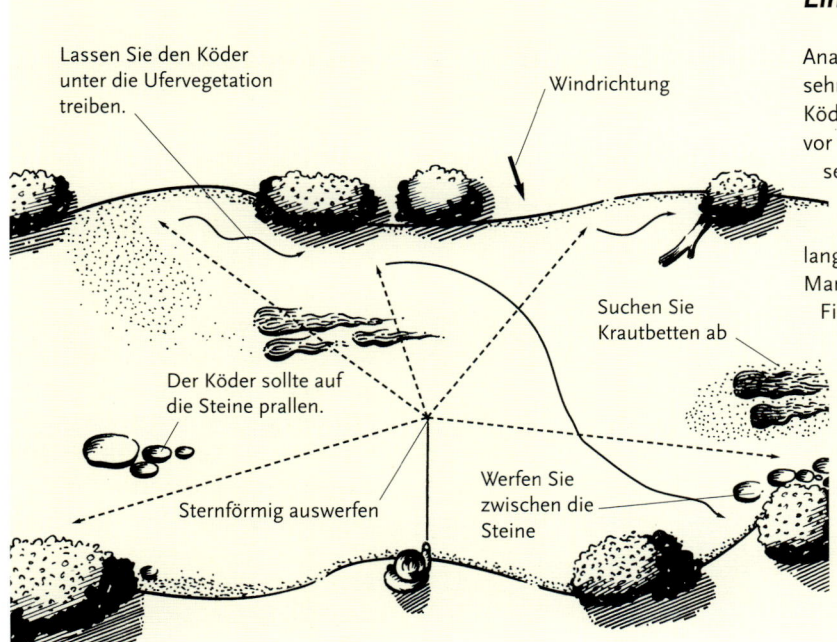

Lassen Sie den Köder unter die Ufervegetation treiben.

Windrichtung

Der Köder sollte auf die Steine prallen.

Suchen Sie Krautbetten ab

Sternförmig auswerfen

Werfen Sie zwischen die Steine

Ein Gewässer abfischen

Analysieren Sie den Flussabschnitt sehr genau und platzieren Sie Ihre Köder an alle potentiellen Standorte, vor allem in die Nähe von Hindernissen. In der Regel lohnt es sich, dieselbe Stelle zwei bis drei Mal anzuwerfen und den Köder entlang derselben Linie einzuholen. Manchmal macht der erste Wurf den Fisch nur neugierig; erst beim zweiten Wurf ist er auf eine Mahlzeit vorbereitet und bereit zuzuschnappen. Für präzise Würfe eignen sich am besten kurze Ruten von 1,80–2,40 m Länge. Es bringt nichts, sich zu lange am selben Flussabschnitt aufzuhalten. Am besten ist man leicht unterwegs, sucht einen Abschnitt ab und geht weiter.

Schwarzbarsche an der Oberfläche

Schwarzbarsche reagieren heftig auf alle bisher erwähnten Arten von Oberflächenködern. Köder dieser Art sind besonders fängig in den Morgen- und Abendstunden, wenn das Wasser warm ist. Jede Welle auf der Oberfläche macht die Fische neugierig. Schwarzbarsche dürften die Raubfische sein, die einen Angler am ehesten zur Verzweiflung treiben. Ständig folgen sie dem Köder ohne zuzuschnappen. Man sieht ihr Kielwasser, doch der Biss bleibt aus. Was also tun? Hören Sie auf, den Köder einzuholen, lassen Sie ihn etwas ruhen – vier bis fünf Sekunden reichen gewöhnlich aus – dann reißen sie ihn heftig nach vorn. Nicht immer ist der Biss eines Schwarzbarsches wie eine Explosion – manche folgen dem Köder und saugen ihn von unten ein, wie eine Forelle ein schwimmendes Insekt. Oberflächenköder sind vor allem dann empfehlenswert, wenn sich die Schwarzbarsche in dichte Krautbetten zurückgezogen haben. Von dort lockt man sie nur durch auffällige Bewegungen an der Oberfläche ins offene Wasser.

◄ **EL DORADO**

Dieses Foto zeigt mein Lieblingsgewässer für Forellenbarsche, einen versteckten Stausee in den spanischen Bergen. Er weist alle Kennzeichen eines typischen Schwarzbarsch-Gewässers auf: flache Buchten neben steil abfallendem Grund, Flüsse, die zwischen ausgedehnten Schilfzonen einmünden, ein dramatisches Relief unter Wasser, überhängende Bäume, sowie vom Menschen geschaffene Bauwerke, wie einen Turm und einen Staudamm, zahlreiche Kleinfische, aber nicht genug, um den Barschen die Lust auf einen Extrabissen zu verleiden.

◄ **GEDULD**

Werfen Sie den Oberflächenköder aus und geben Sie ihm ein paar Sekunden Zeit, bis sich das Wasser beruhigt hat. Manchmal packt ein Schwarzbarsch bereits zu, wenn der Köder auf das Wasser klatscht, manchmal sogar, wenn er völlig ruhig liegt. Auch von vielversprechenden Wellen lässt er sich anlocken. Daher ist es von elementarer Bedeutung, den Köder absolut präzise zu präsentieren. Je näher er an den Hindernissen landet, wo Sie die Barsche vermuteten, desto wahrscheinlicher erfolgt der Biss.

RUCKEN ▶

Nach fünf bis zehn Sekunden wird der Köder plötzlich mit kräftigem Ruck bewegt und eingeholt. Eine erregende Botschaft breitet sich im Wasser aus. Wenn Sie hören, wie der Köder gluckst und Blasen erzeugt, hört das auch der Schwarzbarsch. Vielfach ist es günstiger, den Köder nach kurzer Zeit etwas ruhen zu lassen und ihn erst nach einigen Sekunden ganz normal einzuholen.

REISSEN ▶

Auch den Oberflächenköder rasch über die Wasseroberfläche zu reißen, kann sehr vielversprechend sein. Der Aufruhr aus Lärm und Wellen lockt möglicherweise zwei oder mehr Schwarzbarsche aus der Reserve. Wenn Sie einen Propbait verwenden, sollten Sie vorher ausprobieren, wann dessen Blätter am besten arbeiten. Manchmal lässt sich der Köder trimmen, um noch mehr Trubel zu erzeugen; biegen Sie die Blätter vorsichtig nach hinten.

ANHIEB ▶

Bei diesem Schwarzbarsch gab es keinen Zweifel – er wollte den Köder! Gelegentlich stürzen sie sich mit solcher Wucht auf den Köder, dass sie mit gewaltigem Schwung aus dem Wasser springen. Sobald der Fisch gehakt ist, muss die Leine unter konstanter Spannung bleiben, sonst kommt er frei. Spätestens in Ufernähe wird er ganz sicher springen. Bereiten Sie sich darauf vor. Wenn Sie nur etwas Schnur nachlassen, wird der Barsch den Köder unweigerlich abschütteln und sich befreien.

◄ **DER WASSERTURM**

Ein hübscher Schwarzbarsch vor dem Wasserturm, der zu seinem Verderben wurde. Wir hatten herausgefunden, dass unter dem Dachvorsprung des Turms eine Kolonie von Mehlschwalben ihre Nester gebaut hatte. Es gab Hunderte von Nestern und in jedem warteten dicht gedrängt die Jungen auf Futter. Tragischerweise ließ sich nicht vermeiden, das sich ab und zu eines zu weit vorwagte und hilflos ins Wasser stürzte. Beim näheren Hinsehen fanden wir heraus, dass sich mehrere ordentliche Schwarzbarsche den Turm als Basis erkoren hatten. Sie warteten einfach ab und schnappten nach allem, was direkt vor ihnen ins Wasser fiel.

◄ **GELANDET!**

Was war hier geschehen? Ich hatte gerade einen Barsch von einem knappen Pfund auf einen kleinen Oberflächenköder gehakt. Noch im Drill tauchte ein größerer Schwarzbarsch, ein echtes Monster, aus der Tiefe auf und kam knapp 5 m vor mir hoch. Zuerst dachte ich, er interessiere sich für den Barsch an meinem Haken. Doch dann wurde mir klar, dass er versuchte, dem kleinen Barsch den Köder aus dem Maul zu reißen. Wenn er es doch nur geschafft hätte!

Blinker und Spinner

Blinker sind leicht gebogene Metalllöffel, mit einer silbernen oder bronzenen Grundfarbe, die im Laufe der Jahrhunderte in immer wieder neuen Formen und Farben gestaltet wurden. Man kann sie vom Ufer oder vom Boot aus werfen, sie eignen sich aber auch zum Schleppen. Vor dem Gebrauch eines Blinkers sollte man Gewicht, Farbe und Aktion berücksichtigen, dazu die Lichtsignale, die er aussendet.

Bei einem Spinner dreht sich ein Blatt um einen festen Schaft. Wie schnell die Drehung erfolgt, hängt vom Winkel, der Einholgeschwindigkeit und der Strömung ab. Spinner erzeugen Vibrationen und Lichtblitze, die Hechte und andere Raubfische anlocken.

Wegen der Gefahr, die Schnur zu verdrehen (Schnurdrall), werden Blinker und Spinner stets hinter einem leicht drehbaren Wirbel bester Qualität an der Hauptschnur befestigt.

▲ **ERFOLG IM FLUSS**
Dieser Angler befischt einen Fluss, dessen klares Wasser ideal für Spinner und Blinker geeignet ist. Beide Köder senden deutliche, starke Vibrationen aus, auf die ein Raubfisch auch unter schlechteren Sichtverhältnissen reagieren würde. Bei Sonnenlicht kommen zusätzlich die Lichteffekte dazu, die ihre glänzenden Oberflächen ins Wasser senden und einen Raubfisch fast zwangsläufig anlocken.

Spinnen auf Äschen

Bei Äschen denken die wenigsten Angler an Spinnangeln, aber genau deswegen möchte ich sie hier behandeln. Die meisten Fischarten leben viel räuberischer als man gemeinhin denkt, d.h. zur richtigen Zeit des Jahres schalten so gut wie alle Fische auf kleinere Fische als Beute um. Brassen können räuberisch werden und sogar Rotaugen, daher wird es kaum überraschen, dass auch die Äsche ab und zu ein Maulvoll Fischfleisch versucht, sofern die Aussichten günstig stehen.

Natürlich gilt dies nur für größere Exemplare. Fische, die an ein Kilogramm herankommen, werden regelmäßig kleinere Fische fressen, besonders bei kühlerem Wetter und in nahrungsarmen Gewässern, wo die Insekten knapp werden können. Die Sibirische Äsche geht regelmäßig auf Kunstköder und sehr große Fliegen, doch selbst in Mitteleuropa kann man mit dem Spinner – sofern erlaubt – bemerkenswert große Äschen fangen.

◀ **DEN FLUSS ERKUNDEN**
Mit der Spinnrute kann man weite Bereiche eines Flusses abfischen, daher bestehen gute Chancen, einen Schwarm Äschen zu finden, der sich irgendwo auf den Grund zurückgezogen hat – vor allem, wenn man bereit ist, ins Wasser zu waten. Während die Fische im Winter eher Gumpen oder tiefe Kessel aufsuchen, halten sie sich von Sommer bis Herbst im Mittelwasser bis zu 1,50 m Tiefe auf. Beginnen Sie mit dem kleinsten Spinner, den Sie gerade noch werfen können. Sobald Sie die Äschen gefunden haben, steigert man die Spinnergröße, um gezielt die größeren Fische anzusprechen.

◀ **IM DRILL**
Spinnfischen auf Äschen macht mit leichtem Gerät erst richtig Spaß. Am besten wirft man den Spinner leicht stromauf und zieht ihn ins Blickfeld der Äschen, statt ihn aus der Sicht der Fische zu entfernen. Dieser Fisch wurde mit einer modernen Spinnausrüstung gedrillt – leichter Blank mit kleinstmöglicher Rolle, starker Schnur und einer Auswahl von kleinen Spinnern.

Spinnen auf Schlangenkopffische

Schon wieder ein langweiliger Fisch, werden Sie vielleicht denken, doch auch hier bin ich anderer Meinung. Die meisten Angler, die nach Indien fahren, nehmen starkes Gerät mit und verbringen ihre Tage damit, den mächtigen Mahseer zu fangen. Zugegeben, ein prachtvoller Fisch, aber in indischen Flüssen verdienen weitaus mehr Arten unsere Aufmerksamkeit. Ganz oben auf der Liste steht in meinen Augen der glitzernde Schlangenkopffisch, der einen spannenden Kampf liefern kann. Man findet ihn in sehr flachem, fast stehendem Wasser, etwas abseits der Hauptströmung, in der Nähe von Wasserpflanzen oder Schilf oder hinter Steinen in schattigen Gumpen. Schlangenkopffische sind, ähnlich wie Hechte, blitzschnell zustoßende Ansitzjäger, die nur selten ihre Deckung verlassen; daher empfiehlt sich das Angeln vom Boot aus. Damit erreicht man selbst unzugängliche Stellen und kann sehr kurz und präzise werfen. Außerdem vertreibt ein Boot die Krokodile, die sich beim Annähern diskret entfernen.

BISS IM FLACHWASSER ▶

Für einen Fisch, der äußerlich einem Aal gleicht, ist der Schlangenkopffisch ein harter Kämpfer im Drill. Unmittelbar nach kraftvollem Biss und erfolgreichem Anhieb wird deutlich, dass man einen sehr speziellen Fisch am Haken hat. Sie werden bis 10 kg schwer, doch selbst ein halb so schweres Exemplar springt wie eine Forelle aus dem Wasser und liefert einen herrlichen Kampf. Da die Schlangenkopffische meist auf Sicht jagen, hatte mein Guide den Spinner blank poliert – mit sichtbarem Erfolg!

EIN GLÜCKLICHER GUIDE ▶

Schlangenkopffische sind sehr begehrte Speisefische, daher werden die Einheimischen ihn wohl kaum wieder frei lassen. Ich habe gelernt, dass die weiblichen Schlangenkopffische ihre Jungen bis zu einem Jahr lang bewachen, um sie vor Raubfischen zu schützen. Daher ließ ich sie sofort vom Haken, sobald ich sie bis zum Boot gedrillt hatte – nun konnten sie zu ihrem Nachwuchs zurückkehren. Das machte mich zwar nicht gerade beliebt im Camp, aber ich fühlte mich einfach besser so.

Spinnen auf Seesaibling

Man kann arktische Seesaiblinge durchaus mit kleinen Spinnern und leichtem, gut ausbalanciertem Gerät fangen. Im turbulenten Wildwasser, wo sich das Schmelzwasser der Gletscher Richtung Meer ergießt, hat das Spinnangeln Vorteile. Dort kann man nicht waten und die starke Strömung erzeugt sofort einen Schnurbogen in der Flugschnur, sodass die Fliege hoffnungslos verdriftet wird. Mit der Spinnangel wirft man nicht nur weiter, sondern kann den Köder auch länger in der kritischen Zone halten. So zu angeln, ist aufregend und erfordert viel Können und große Konzentration. Eine Unterarmlänge zu weit oder zu kurz und der Köder landet „im Aus". Man muss also präzise werfen. Außerdem sollte man unbedingt den optimal geeigneten Spinner auswählen – schwer genug, um durch das strömende Wasser bis zu den tiefer liegenden, ruhigen Bereichen zu gelangen, aber nicht zu schwer, sonst fällt er bis auf den Grund und hängt.

◀ **EIN AUFREGENDER DRILL**
Dieser Seesaibling, der geradewegs aus dem eisigen, arktischen Meer aufgestiegen ist, ist für sein Gewicht ein erstaunlich harter Kämpfer. Der Bereich um das Maul ist erstaunlich zart und verletzlich, daher schlitzt der Haken bei starkem Zug leicht aus. Ich empfehle Spinner mit einem Einzelhaken statt Drillingen; zur Sicherheit kann man noch den Widerhaken abknipsen. Auf diese Weise lässt sich der Fisch leichter abhaken und man beschränkt die Schäden am Maul auf ein Minimum.

◀ **VIELE LANDUNGEN ...**
Obwohl ein schöner Fisch wie dieser Saibling geschlagen scheint, kann er sich plötzlich drehen und fliehen. Vor allem an kurzer Schnur kommt es daher leicht zum Schnurbruch. Halten Sie die Rute unbedingt hoch, um unerwartete Sprünge abzufedern und lockern Sie etwas die Bremse, damit er leichter Schnur nehmen kann. Wenn Sie an solchen sicheren Stellen ins Wasser waten, sollten Sie den Fisch noch im Wasser lösen, statt ihn mit ans Ufer zu nehmen – es sei denn Sie brauchen ein Foto für ihre Trophäensammlung.

Spinnen auf Schwarzbarsche

Spinner können nützliche Hilfsmittel beim Fischen auf Barsche sein, aber sie verfangen sich leicht in den Unterwasserpflanzen und man bekommt sie nicht immer in die Nähe der Strukturelemente geworfen, wo sich die Barsche gerne aufhalten. Eine mögliche Lösung des Problems sind Spinnerbaits, die zur Zeit bei den Barschanglern große Erfolge feiern. Diese komplexen Köder locken die Barsche mit einer Kombination aus Lichtblitzen, Aktion und Farbe noch aus der dichtesten Deckung. Dank ihrer Konstruktion gibt es kaum Hänger, sodass man sie auch an hängerträchtigen Stellen einsetzen kann. Im Prinzip stellen Spinnerbaits eine Kombination aus Spinnern und Jigs dar, wobei sie – trotz ihres beeindruckenden Erfolges – absolut keiner natürlichen Beute gleichen! Ein Spinnerbait lässt sich sehr variabel einholen: Zügiges, gleichmäßiges Einholen ist ebenso möglich, wie rasches Zucken an der Oberfläche oder Schleppen über Grund.

AUF DEN PUNKT ▶

Letztlich ist der Barsch auf den Spinner hereingefallen. In dem klaren Wasser und bei gleißendem Sonnenlicht war das keine einfache Aufgabe, aber schließlich schien die Sonne auf das Spinnerblatt und ließ es im Wasser tanzen. Die Barsche waren in Stimmung, dem Spinner zu folgen; manchmal begleiteten drei oder vier Fische den Spinner aus ihrem Revier. Erst als Johnny diesen speziellen Spinner sehr, sehr nahe an den Steinen vorbei führte, bekamen wir einen Biss.

QUER DURCH DIE KÖDERBOX ▶

Ich brauchte fünf verschiedene Spinnergrößen und sechs Farben, ehe dieser Fisch anbiss. Schwarz war der Treffer, wahrscheinlich weil diese Farbe an heißen Tagen mit heller Sonne für eine klare Silhouette sorgte. Versuchen Sie ruhig, ihrem Spinner einen Schwanz anzuhängen – aus Wolle, Flitter, Speckschwarte, Larven aus Weichplastik oder sogar ein paar echte Maden.

Spinnen auf Flussbarsch

Während sich kleine Flussbarsche selbstmörderisch auf alle Arten von Spinnern stürzen, die Sie aus Ihrer Köderbox kramen, sind große Exemplare deutlich misstrauischer. Wie bei den Schwarzbarschen lohnt es sich, den Spinner durch eigene Zusätze etwas aufzuwerten – versuchen Sie etwas rote Wolle, Haare, echte oder Plastikwürmer, Gummistreifen oder dünne Speckstreifen bzw. Makrelenfleisch über den Drilling zu ziehen. Ändern Sie ständig das Design der Spinner. Ein großer Barsch, der einmal einen bestimmten Spinner abgelehnt hat, wird ihn auch später nicht mehr nehmen. Sobald ein Spinner unter der Wasseroberfläche läuft, verwandelt er sich in eine Art undefinierbare Unruhe – eine Vision aus Mustern und Farben. Ich glaube fest daran, dass kräftige Farbflecke einen Spinner attraktiver erscheinen lassen: So erinnert ein roter Fleck an Kiemen, während große, markante schwarze Flecken mich unter Wasser an Augen erinnern. Vielleicht auch nicht; vielleicht bieten sie dem Fisch einfach nur ein besser sichtbares Angriffsziel.

◄ **DAS SEEROSENFELD**

Wo immer Wasserpflanzen, Seerosen oder andere Strukturelemente im See zu finden sind, stößt man auch auf lauernde Barsche. In weiten, offenen Wasserflächen halten sich Barsche dagegen nur selten auf. Um ein solches Seerosenfeld mit dem Spinner abzusuchen, sollten Sie so werfen, dass der Spinner auf dem längsten Weg an den Blättern vorbei läuft. Bei einer so stark überwucherten Situation wie hier wäre ein Spinnerbait wahrscheinlich empfehlenswerter. In den offenen Flächen zwischen den Schwimmblättern könnten Sie es sogar mit einem Jig versuchen. Denken Sie daran, in der Nähe von Seerosen stets mit besonders starker Schnur zu fischen. Setzt sich der Fisch erst einmal fest, sind er und die Montage verloren.

▲ **GESTREIFTE SCHÖNHEIT**

Hinter diesem hübschen Barsch verbirgt sich eine Geschichte: Es war an einem heißen Sommertag an einem sehr klaren französischen Fluss. Ehe ich mich für diesen stark gemusterten Spinner entschied, hatte ich bereits verschiedene Modelle ausprobiert. Aus dem Schneidertag wurde sofort ein Fangtag. Insgesamt fing ich ein gutes Dutzend Barsche – allerdings nicht die, hinter denen ich eigentlich her war. In dem Gumpen, den ich befischte, standen mindestens drei Fische von drei Pfund, einer sah sogar nach vier Pfund aus! Ich konnte ihnen nichts anbieten, was sie in Versuchung geführt hätte, noch nicht einmal ein paar fette Regenwürmer, die ich ausgegraben hatte! Schließlich riet mir ein Franzose, der zufällig vorbei kam, ich solle eine der zahlreichen Eidechsen fangen und sie an den Haken hängen ... ich bitte sie!

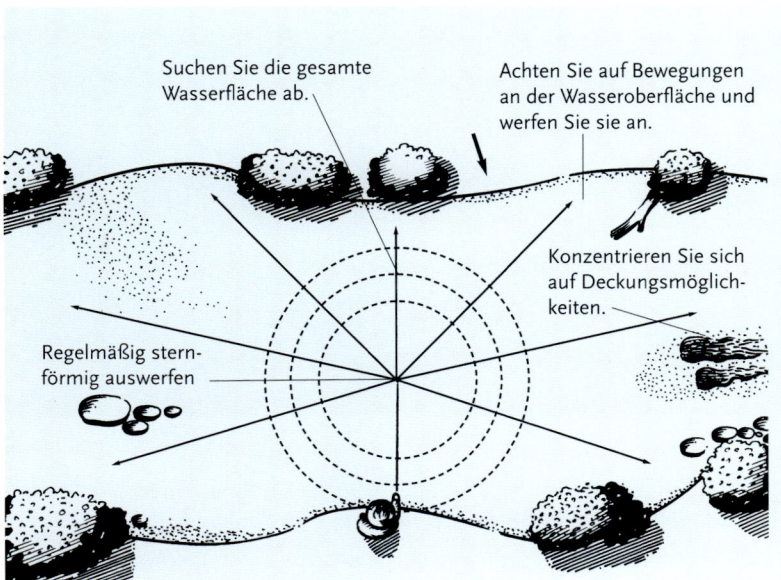

Suchen Sie die gesamte Wasserfläche ab.

Achten Sie auf Bewegungen an der Wasseroberfläche und werfen Sie sie an.

Konzentrieren Sie sich auf Deckungsmöglichkeiten.

Regelmäßig sternförmig auswerfen

Sternförmig auswerfen

Spinnangeln auf Barsch ist häufig der beste Weg, einen Schwarm zu finden. Man sucht eine bestimmte Wasserfläche ab und geht weiter, wenn nichts beißt. Barsche halten sich gerne an Hindernissen auf, wo sie wie andere Raubfische auch im Hinterhalt lauern, doch häufig wandern größere Gruppen ins freie Wasser ab. Wenn Sie stets im Uhrzeigersinn auswerfen, wird der gesamte Standort systematisch abgefischt.

Spinnen auf Hecht

Hechte lieben Spinner und werden entsprechend seit Jahrzehnten damit gefangen. Beginnen Sie mit einer kleinen Größe, um den Fisch nicht zu erschrecken und steigern Sie die Spinnergröße so lange, bis Sie einen Biss bekommen. In sehr trübem, gefärbtem Wasser werden Sie wahrscheinlich bis zur maximalen Größe gehen müssen, um genügend Licht einzufangen und einen stetigen Reiz auszusenden; allerdings darf der Spinner nicht zu schnell laufen, denn Hechte brauchen Zeit, um ihn zu lokalisieren und zuzustoßen. Bevor Sie auf Hechte angeln, insbesondere auf große, sollten Sie unbedingt Qualität und Größe der Haken prüfen. Es zahlt sich stets aus, starke, chemisch geschärfte Haken in der passenden Größe zu verwenden. Normalerweise schwöre ich auf Haken ohne Widerhaken, doch für Hechte drücke ich die Widerhaken nur an; so verliere ich weniger Hechte im Drill. Knausern Sie nicht beim Stahlvorfach: Ich verwende Vorfächer von mindesten 45 cm Länge.

▲ **EIN VERSUNKENER WALD**

Solch ein Gewässer ist ideal geeignet, um dem Hecht mit allen Arten von Ködern nachzustellen. Wegen der zahlreichen verborgenen Fallen wäre es aber unverantwortlich, mit zu leichtem Gerät zu angeln. Halten Sie den Hecht im Drill unbedingt an der Oberfläche, denn sobald Sie ihm erlauben abzutauchen, wird er sich zwischen den Baumwurzeln festsetzen und ist verloren – und mit ihm Ihr Köder. Schlecht für die Brieftasche und noch schlechter für den Hecht.

Mit Blinkern auf Hecht

Das Angeln mit Blinkern ist auch nicht schwieriger als mit anderen Ködern und es wird schon seit Jahrhunderten praktiziert. Ich glaube, dass Hechte vor allem im Frühling und Herbst auf Blinker ansprechen, wenn sie sehr aktiv sind und willens sind, auch auf schnell geführte Köder zu reagieren. Mit Blinkern lassen sich auch Barsche, Zander und sogar Döbel fangen.

Beginnen Sie bei der Auswahl des Blinkers mit der Größe: Perfekt für Hechte ist eine Länge zwischen 10 und 12 cm. Einzelhaken sind besser als Drillinge; sie lassen sich besser abhaken, vor allem, wenn Sie noch nicht sehr viel Erfahrung haben. Entscheiden Sie sich für Silber in klarem Wasser, Kupfer oder Messing in trübem Wasser und für farbige Blinker, wenn das Gewässer intensiv verfärbt erscheint. Berücksichtigen Sie auch das Gewicht des Blinkers. Diese Methode ist jedoch nur dann erfolgreich, wenn Sie den Blinker auf genau die richtige Tiefe bringen – wahrscheinlich sogar wichtiger als das Einholen.

ABSINKEN UND EINHOLEN ▶

Entscheiden Sie sich in tiefem Wasser, wo sich die Hechte am Boden aufhalten, für einen schweren Blinker. Lassen Sie den Blinker bis zum Boden absinken und holen Sie ihn langsam ein; heben Sie von Zeit zu Zeit die Rutenspitze an, damit der Blinker vom Boden hoch taumelt. Eigentlich gibt es keinen vernünftigen Grund, warum ein Hecht auf diesen ultra-langsam geführten Köder hereinfallen sollte ... aber er tut es. Erwarten Sie bei dieser Technik aber keine hammerharten Bisse. Manchmal spürt man nur einen konstanten Zug. Obwohl dieser Blinker in 1,50 m Tiefe auf dem Boden liegt, reflektieren Haken und Metallkörper das Sonnenlicht.

ERFOLGREICHER SPINNER ▶

Dieser Hecht gehört zu den 15 Exemplaren zwischen zwei und sechs Kilogramm, die ich an jenem Nachmittag gefangen habe. Machen Sie nicht den Fehler zu glauben, Spinner fangen nur kleine Hechte. Im letzten Jahrzehnt wurden in englischen Forellenrevieren Hechte von über 20 kg gefangen. Es stimmt einfach nicht, dass man große Fische nur mit großen Ködern fängt. Einige der größten Hechte fielen auf Köder herein, die unter 10 cm lang waren.

◀ **KURZ UND KRÄFTIG**

Eine Spinnrute für den Blinker sollte nicht zu lang sein – etwa 2,70 m ist ideal. Wählen sie eine Rute mit Wurfgewicht zwischen 20 und 60 g. Dazu kommt eine stabile Stationärrolle mit geflochtener Schnur, sofern das Wasser nicht zu hängerträchtig ist. Mir erscheinen 25 kg Tragkraft nicht übertrieben. Wenn Sie sich für Einzelhaken entscheiden, was ich persönlich empfehlen würde, kaufen Sie den stärksten, den sie bekommen können.

◀ **IRISCHE FREUDEN**

Das ist mein Freund Richie Johnson, einer der bekanntesten Hechtangler Irlands; er hat sich konsequent der Magie des Blinkerangelns verschrieben. Richie ist ein wunderbares Beispiel dafür, dass man ständig mit Größe, Form, Farbe und Gewicht des Blinkers experimentieren sollte. Außerdem ist er ein Meister im abwechslungsreichen Einholen des Köders. Wegen des klaren Wassers eignen sich viele irische Gewässer perfekt für die Angelei mit dem Blinker.

◀ **ALTWASSER**

In kleineren Kanälen und solchen Altwässern bieten sich Krautblinker an, bei denen der Haken durch einen Draht geschützt wird und weniger Kraut und anderen Abfall einsammelt. In sehr flachem Wasser wird der Blinker nahe an der Wasseroberfläche geführt. Sofern der Boden nicht zu hängerträchtig erscheint, sollte man ihn jedoch von Zeit zu Zeit herabtaumeln lassen und ihn ein paar Sekunden liegen lassen, ehe man ihn weiter einholt.

FRÜHLINGSFREUDEN ▶

Diesen Fisch habe ich Ende März gefangen, als sich das Wasser rasch zu erwärmen begann. Zu dieser Jahreszeit sind Hechte besonders aktiv und bereit, nach einem Köder zu schnappen, der zügig direkt unter der Wasseroberfläche geführt wird. Für einen Fisch dieser Größe nimmt man einen größeren Blinker von etwa 15 cm Länge. Soll der Blinker im Oberwasser laufen, darf er natürlich nicht zu schwer und dick sein. Halten sich die Fische dagegen in größerer Tiefe auf, muss auch der Blinker tief absinken. In diesem Fall wirft man einen schweren Blinker und hält den Schnurbügel nach dem Auftreffen des Köders auf die Wasseroberfläche so lange geöffnet, bis keine Schnur mehr abläuft. In Gewässern mit hängerträchtigem Grund kann das ein Risiko sein, daher sollten Sie Schnur von mindestens 25 kg Tragkraft verwenden. Denken Sie jedoch daran: Über hindernisreichem Grund stehen auch die größten Fische.

▲ **SCHLEPPEN**

Blinker eignen sich bestens für das Schleppen auf großen Gewässern. Mit einem Downrigger bringt man sie problemlos auf Tiefe; einfacher geht es mit 60 g Blei. Ist das Wasser eher trübe, sollten Sie sich für einen großen Blinker entscheiden, der stark rotiert und kräftige Vibrationen aussendet. Leichte Blinker sind dagegen besser bei sehr klarem, warmem und nicht zu tiefem Wasser. Beim Schleppen arbeitet man am besten, wie hier, mit Multirollen.

Köder zum Schleppen

Beim Schleppen kommt es maßgeblich darauf an, den Köder in der richtigen Tiefe zu präsentieren. Mit einer Pose hält man den Köder nahe an der Oberfläche fest, während man ihn durch ein Blei am Seitenarm direkt über dem Boden anbietet. Allerdings sind die Seeböden häufig zu felsig für diese Technik. Auch über die Geschwindigkeit des Bootes wird die Köderpräsentation verändert. Experimentieren Sie so lange, bis Sie eine Geschwindigkeit finden, bei der die meisten Bisse erfolgen. Selbstverständlich muss man auch die Richtung des Boots ändern, denn viele Raubfische lassen sich eher von Ködern provozieren, die ihre Richtung wechseln.

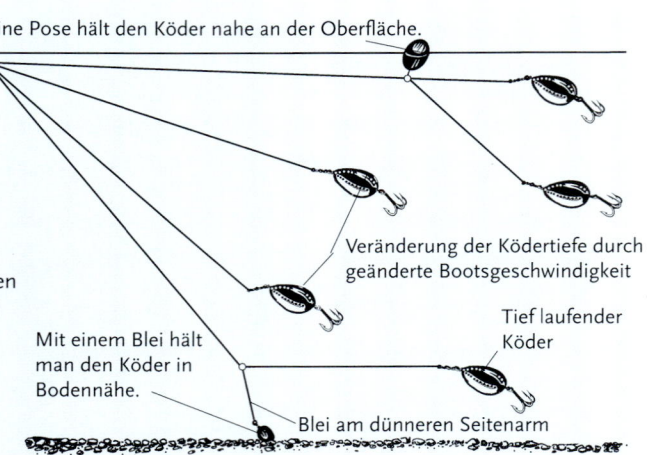

Eine Pose hält den Köder nahe an der Oberfläche.

Veränderung der Ködertiefe durch geänderte Bootsgeschwindigkeit

Tief laufender Köder

Mit einem Blei hält man den Köder in Bodennähe.

Blei am dünneren Seitenarm

◄ **SCHÄTZE DER OSTSEE**

Dieser herrliche Fisch wurde in der Ostsee gefangen – beachten Sie die wunderbare silberne Farbe und die herrliche Zeichnung. Die gesamte Ostseeküste ist ein gutes Blinkergewässer. In ihrem klaren, flachen Wasser kann man silberne Blinker aus dünnem Blech verwenden, die allerdings nicht konsequent am Boden laufen. Holen Sie den Blinker rasch ein, er darf ruhig manchmal an der Oberfläche laufen. Weiter draußen, in der offenen Ostsee, sollte man zu einem größeren, dickeren und schwereren Blinker wechseln, der tiefer taucht. Beim Schleppen wird der Köder sehr häufig mit großer Wucht genommen, sehen Sie sich also vor. Entweder müssen Sie die Rute festhalten oder in einem stabilen Halter befestigen. Wer ganz sicher gehen möchte, kann den Rutengriff auch mit einer festen Schnur am Bootssitz anbinden – Leichtsinn kann teuer werden.

Wobbler

Wobbler gibt es seit langem – früher waren es einfache Modelle von kleinen Beutefischen, die aus Holz oder Hartplastik hergestellt wurden. Wobbler schwimmen bereits konstruktionsbedingt, aber erst der Angler haucht ihnen Leben ein. Oberflächenwobbler, die vor allem bei warmem Wetter ihre Berechtigung haben, platschen und vibrieren an der Oberfläche; sie locken Raubfische optisch und durch Geräusch an. Flach tauchende Modelle laufen bis knapp 2 m Tiefe; schwimmende Wobbler tauchen erst ab, wenn man sie einholt. Die tief tauchenden Wobbler erreichen weit über 10 m Tiefe. Man braucht sie vor allem in den großen, klaren Seen Nordamerikas, wo sie Hechte und große Seeforellen fangen. Dann sollte ich noch die Jerkbaits erwähnen, die wilden Biester des Köderdschungels, die eine eingebaute Fanggarantie für große Fische haben. Die meisten Jerkbaits schwimmen und der Angler muss sie durch geschickte Führung zum Leben erwecken – schwierig aber äußerst lohnend.

▲ **ALLE FORMEN UND GRÖSSEN**
Nicht alle Wobbler sind große Modelle aus Holz, Metall oder Plastik. Mit kleineren Typen, wie dem Crystal River Hopper, fängt man Hechte, Barsche, Döbel und Schwarzbarsche an der Fliegenrute.

Die Aktion von Wobblern

Man kann einen Wobbler nur dann optimal nutzen, wenn man weiß, wie er sich unter Wasser verhält. Am besten studiert man die Aktion von Wobblern in einem sehr klaren, flachen See mit festem Grund, in den man gut hineinwaten kann. Wie schnell sinkt er ab? Wie schnell taucht ein Schwimmwobbler wieder auf? Wie reagiert er, wenn man ihn nach Art eines Jerks einholt? Werfen Sie ihn so weit wie möglich: Verwickelt er sich im Flug? Müssen Sie seinen Flug an der Spule abbremsen, um dies zu verhindern? Sind die Haken scharf genug? Sind sie stark genug für den Zielfisch? Ersetzen Sie die Haken ggf. durch neue, schwerere, aber dann müssen Sie erneut testen, ob sich die Laufeigenschaften verändert haben. Die nächsten Bilder verdeutlichen meine Erfahrungen.

◄ **BEIM ABTAUCHEN**
Taucht ein Wobbler steil ab, fällt der Schwanzdrilling auf den Körper. Damit lockert sich sein Halt etwas, sodass der Anhieb bei zarten Bissen fehlschlagen kann. Hier versuche ich gerade, Möglichkeiten zu finden, den Schwanzdrilling auch beim Abtauchen stabil zu halten. Dieser Wobbler – der Shad Rap – gehört zu meinen Lieblingen. Er hat schon oft den Tag gerettet, wenn alles andere gescheitert war.

◄ **LANGSAMER AUFSTIEG**
Sie wären überrascht, wenn Sie wüssten, wie viele Raubfische den Wobbler nicht beim Einholen, sondern beim einfachen Auf- oder Abtauchen nehmen. Daher sollten Sie auch dann, wenn sie den Wobbler gerade nicht einholen, stets beachten, ob sich die Schnur spannt oder lockert. Dieser Wobbler steht im Wasser wie ein typischer Beutefisch.

EINHOLEN ▶

Form, Größe und Winkel der Tauch-schaufel bestimmen, wie ein Wobbler taucht und sich im Wasser bewegt. Testen Sie ihre Wobbler in klarem Wasser, beobachten Sie, wie sie laufen und holen Sie die Köder auch mit unterschiedlichen Geschwindigkeiten ein. Nur so können Sie sich ein Bild davon machen, wie der Wobbler am einladendsten aussieht. Ich hole meine Wobbler so langsam wie möglich ein – gerade schnell genug, damit sie sich bewegen.

TIEFTAUCHER ▶

Manchmal zahlt es sich aus, wenn der Wobbler bis zum Gewässergrund abtaucht, insbesondere bei kaltem Wetter, wenn die Raubfische wie gelähmt scheinen. Tiefes Abtauchen und langsames Einholen kann häufig den gewünschten Erfolg bringen. Hechte reagieren auf niederfrequente Vibrationen, daher kann sich die Einholgeschwindigkeit als kritischer Faktor erweisen.

So nimmt ein Hecht den Köder wahr

Hechte sehen sehr gut, vor allem in hellem Licht und klarem Wasser, wo sie eine Beute noch in fast 20 m Entfernung wahrnehmen können. In trübem Wasser oder bei Dämmerung verlassen sie sich auf Vibratio-nen und Geruch eines Köders. Ein Köder der sich bewegt – und dabei auch noch rasselt – lockt Raub-fische durch die Vibrationen an, die er ins Wasser sendet. Die Fische nehmen die Vibrationen über ihr Seitenlinienorgan wahr.

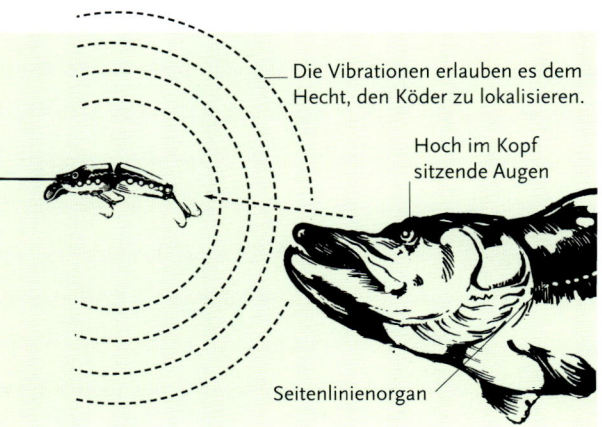

Die Vibrationen erlauben es dem Hecht, den Köder zu lokalisieren.

Hoch im Kopf sitzende Augen

Seitenlinienorgan

Wobbler weltweit

Es gibt kaum ein Land auf der Erde, in dem nicht zumindest einige Fischarten heftigst auf Wobbler reagieren. In den USA sind dies der Hecht, Muskie (Muskellunge), Schwarzbarsch, Glasaugenbarsch (Amerikanischer Zander) und Flussbarsch, dazu viele Salmoniden. In Europa gehören dazu Hecht, Zander, Rapfen, Döbel, Barsch, Raubforelle und von Zeit zu Zeit auch Welse. In Afrika Nilbarsch und Tigerfische. Ein australischer Barramundi liebt nichts mehr als einen großen, „saftigen" Wobbler. In Lateinamerika, wo jeder jeden frisst, braucht man ohnehin Wobbler, die stabil sind wie Panzer, sonst hat man binnen Sekunden Hackfleisch am Vorfach. Wenn Sie das Glück haben, im Ausland angeln zu dürfen, halten Sie sich stets an die Einheimischen. Sie werden staunen, wie sehr sich lokale Anglertraditionen unterscheiden. In Sibirien habe ich Angler gesehen, die mit primitivstem Gerät viel mehr fingen als ich mit meiner High-Tech-Ausrüstung.

◀ **ANGELN MACHT SPASS**
Bei warmem, klarem Wetter kann man besonders gut mit Wobblern angeln, daher ist die Technik weltweit möglich. Warmwasserfische mit Vorliebe für Wobbler sind etwa Umberfische, Bonito, Schnapper, Barramundi, Barrakuda, Stachelmakrelen und Tarpon. Sally angelt am liebsten mit leichtem Gerät auf kleinere Schwarzbarsche und Barramundis, die im flachen Wasser herrliche Drills liefern.

◀ **BARBE AUF WOBBLER!**
Es gibt mehr Fleisch fressende Fische als man glaubt. Diese Aufnahme zeigt eine riesige Iberische Barbe, die einen Wobbler in einem spanischen Fluss genommen hatte. Diese Fische werden rund 20 kg schwer und gleichen unseren mitteleuropäischen Barben. Solche Fische werden kaum so groß, würden sie nicht ab und zu Verlangen nach Fleisch bekommen.

Schleppen mit Wobblern

In seiner einfachsten Form besteht das Schleppen darin, Blinker oder Wobbler in einer bestimmten Wassertiefe hinter einem Boot herzuziehen. In der Theorie klingt das einfach, in der Praxis gibt es jedoch zahlreiche Methoden. Zunächst muss man mit dem Boot umgehen können, auch wenn das Wasser mal rauer wird. Außerdem muss man seine Ausrüstung richtig zusammen stellen und die genaue Lauftiefe seiner Köder kennen. Dann kommt es darauf an, wie die Köder am besten laufen und bei welcher Geschwindigkeit. Dann müssen Sie die Fische natürlich noch finden, was bei einem kilometerlangen und Hunderte Meter tiefen Gewässer nicht ganz einfach ist. Und wenn Sie dann endlich einen Biss haben, müssen Sie das Boot unter Kontrolle halten und dabei auch noch einen, oft ziemlich großen, Fisch anständig drillen, ohne Chaos zu veranstalten.

EINE SCHÖNE SEEFORELLE ▶
Schleppen ist die beste Methode, um große Seeforellen zu fangen. Diese Fische leben in riesigen Seen ohne größere Strukturelemente, daher muss man so viel Wasser wie möglich absuchen, um sie zu finden. Die Aktion des Wobblers hängt von der Geschwindigkeit des Bootes ab. Wenn Sie daher einen neuen Wobbler ausprobieren, lassen Sie ihn zunächst bei verschiedenen Geschwindigkeiten direkt neben dem Boot laufen, um zu sehen, wann er optimale Aktion zeigt.

DAS HANDWERKSZEUG ▶
Sobald der Wobbler optimal läuft, lohnt sich ein schneller Blick auf die Rutenspitze. Bei der idealen Geschwindigkeit sollte sie leicht schlagen und vibrieren. Beachten Sie die übrigen Gerätschaften: Ruder, Motor, Echolot, Downrigger und – nicht sichtbar – eine Abhakmatte für den Fang auf dem Boden des Bootes.

▲ **SCHWEDISCHES MONSTER**

Das Schleppen ist nicht auf große Tiefen beschränkt. Hier hält Johnny einen prachtvollen schwedischen Hecht in die Kamera. Er stammt aus einer nicht einmal ein Meter tiefen Bucht und fiel auf einen winzigen, schwimmenden Wobbler herein. Wir sahen den Hecht beim Schleppen von hinten kommen. Er folgte dem Wobbler, der nur ein paar Rutenlängen hinter dem Boot lief und begutachtete ihn. Dann drehte er plötzlich seinen Kopf und saugte ihn ein. In dem flachen Wasser konnte er nur weit, nicht jedoch tief flüchten und zog dabei zeitweilig unser Boot hinter sich her.

▲ **BARSCHTECHNIK**

Man könnte meinen, das Angeln auf Barsche – selbst auf spektakuläre Exemplare, wie diesen Pfauenbarsch – sei eher eine Technik für die Nähe, begrenzt und intim. Aber auch bei solch fantastischen Fischen zahlt es sich manchmal aus, etwas mehr Abstand zu halten. Das Schleppen bietet aber weit mehr Möglichkeiten. Man kann mit dem Boot in größeren Gewässern gezielt nach Fischen suchen, mehrere Köder ausprobieren und wenn es die ersten Bisse gibt, den Anker werfen und mit anderen Methoden weiter angeln.

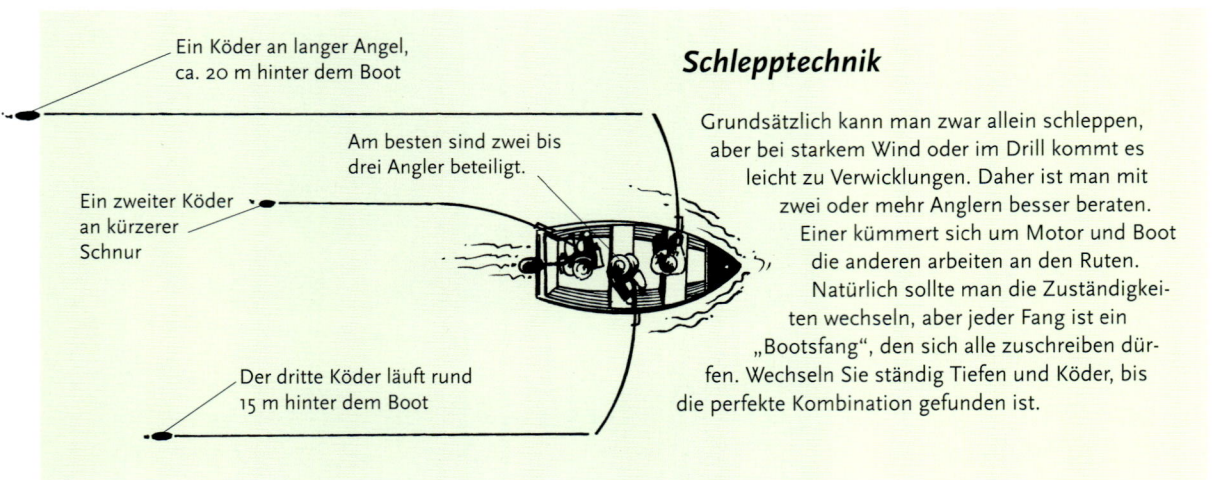

Ein Köder an langer Angel, ca. 20 m hinter dem Boot

Am besten sind zwei bis drei Angler beteiligt.

Ein zweiter Köder an kürzerer Schnur

Der dritte Köder läuft rund 15 m hinter dem Boot

Schlepptechnik

Grundsätzlich kann man zwar allein schleppen, aber bei starkem Wind oder im Drill kommt es leicht zu Verwicklungen. Daher ist man mit zwei oder mehr Anglern besser beraten. Einer kümmert sich um Motor und Boot die anderen arbeiten an den Ruten. Natürlich sollte man die Zuständigkeiten wechseln, aber jeder Fang ist ein „Bootsfang", den sich alle zuschreiben dürfen. Wechseln Sie ständig Tiefen und Köder, bis die perfekte Kombination gefunden ist.

▲ **AFRIKANISCHE MONSTER**

Hier sehen Sie zwei meiner sehr geschätzten Anglerkollegen, Jim und Linda, mit einem außerordentlichen Tagesfang. Nilbarsche sind die Könige der afrikanischen Gewässer und lassen sich eigentlich nur beim Schleppen ordentlich fangen. Voraussetzung sind sehr große Köder, starke Ruten und eine wohlgefüllte Rolle. Und was das Töten angeht ... nun, das Leben eines Fisches ist sicher hoch einzuschätzen, aber in diesem Fall hatte ein Dorf mit unterernährten Kindern sicher Vorrang.

▲ **WINDERMERE, ENGLAND**

In den richtigen Händen hat Schleppangeln einige unschätzbare Vorteile. Viele Jahre lang galt der Lake Windermere – Englands größter See – als Gewässer mit mittelmäßigen Hechten und Raubforellen. Dann begannen einige Experten, den See mit neuen Methoden zu befischen, neuen Wobblern und neuen Ideen. Die Ergebnisse können sich sehen lassen. Inzwischen wurden im Lake Windermere größere Hechte und Forellen gefangen, als man sich je hätte träumen lassen.

Der Downrigger

Mit einem Downrigger kann man sehr tief schleppen, viel tiefer als ein Wobbler gewöhnlich läuft. Im Drill ist die Schnur frei, denn bei Biss oder Anhieb löst sich die Schnur vom Downrigger-Seil. Der Downrigger wird am Heck des Bootes angeschraubt und das Seil mit der Winde nach unten gelassen. Aber bitte vorsichtig: Angeln Sie niemals alleine mit dem Downrigger; denn sollte sich das Gewicht bei starkem Wind verfangen, kann ein kleines Boot in echte Schwierigkeiten kommen. Schleppen mit dem Downrigger bietet sich in sehr tiefen Gletscherseen an, die leicht 200–300 m tief sein können.

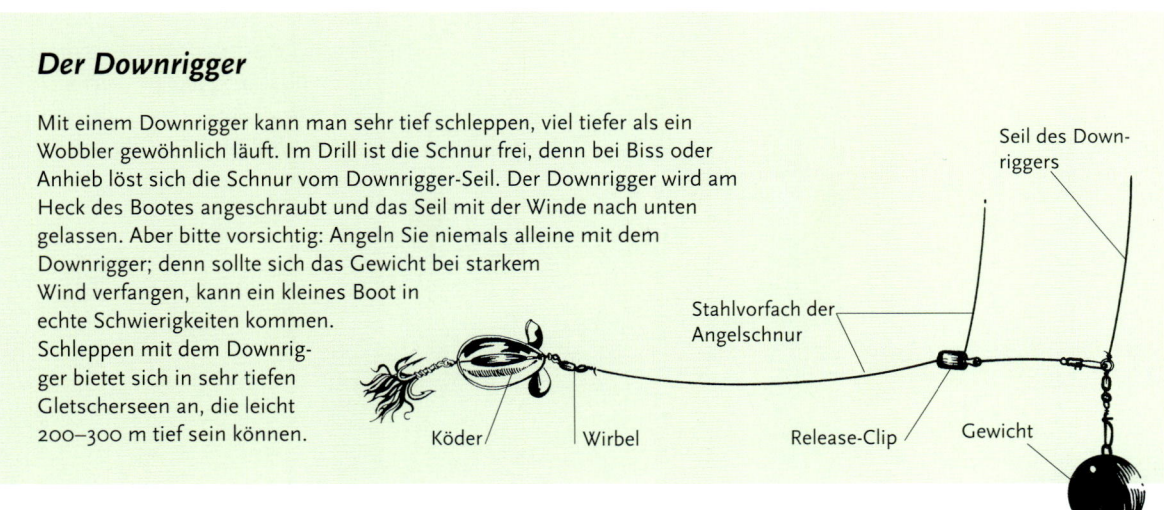

Seil des Downriggers

Stahlvorfach der Angelschnur

Köder | Wirbel | Release-Clip | Gewicht

Welcher Wobbler?

Viele Experten, insbesondere, wenn sie auf die verschiedenen Barscharten angeln, reden über das richtige „Muster". Darunter verstehen sie das Angeln mit der jeweils besten Technik zu bestimmten Zeiten. So macht es sicher keinen Sinn, im Winter, wenn das Wasser schon fast gefroren ist und die Raubfische tief unten stehen, mit einem Oberflächenköder zu angeln. Genauso unpassend wäre es, in einer sonnenwarmen, flachen Bucht mit einem riesigen, schweren Schlepp-Blinker oder Wobbler, die am besten bei 30 m Tiefe arbeiten, auf Hechte zu angeln. Natürlich sind diese Beispiele trivial, aber je erfahrener ein Angler wird, desto eher sollte er über Alternativen nachdenken. Erst wenn man das Spiel der Köder unter Wasser betrachtet, sieht man, wie „falsch" manche Köder unter bestimmten Bedingungen aussehen – allerdings, gelegentlich machen solche Köder trotzdem das, was man von ihnen erwartet.

◄ **TRÜBES WASSER**
Diese Aufnahme eines orangeroten Shad Raps entstand in einem Gewässer mit schlechter Sichtigkeit. Dennoch war der Autozoom der Kamera in der Lage, auf dieses Objekt scharf einzustellen, und das aus einiger Entfernung. Bei andersfarbigen Ködern war das nicht möglich. Vielleicht muss man daraus schließen, dass ein orangefarbener Köder in trübem Wasser eher genommen wird als ein grüner oder brauner.

◄ **MIT WOBBLER IN SPANIEN**
Mit diesem kleinen Wobbler wurde die Iberische Barbe (Seite 78) gefangen. Bedingt durch seine Bauweise taucht er rasch bis zum Grund ab und tanzt zwischen den Felsen umher – das gab wohl den Ausschlag.

GROSSE WOBBLER ▶

An einem Tag, als der Fluss unerwartet trüb aussah, fanden wir heraus, dass alle Raubfische größere Köder als üblich bevorzugten. Einer meiner Angelkollegen begann sogar mit diesem riesigen, über 25 cm langen, mitteleuropäischen Modell zu fischen. Man konnte es kaum werfen, und es platschte wie ein Baumstamm ins Wasser – aber, es fing!

▼ STEINKONTAKT

In klarem Wasser zahlt es sich aus, den Wobbler ein oder zwei Mal auf den Boden stoßen zu lassen. Auf steinigem Grund erzeugt er Vibrationen, bei Schlammboden wirbelt er Schlammwölkchen auf, was Räuber an Flusskrebse erinnern könnte. Manchmal sind es gerade unerwartete Dinge, die in klarem Wasser gut funktionieren. Sobald Sie einen Raubfisch zu Gesicht bekommen, sollten Sie Ihren Wobbler langsam zur Oberfläche aufsteigen lassen, bzw. einen Blinker zum Grund abtaumeln lassen. Riskieren Sie ruhig etwas Ungewöhnliches – oft provoziert es einen Biss.

Mit Wobbler auf den Taimen

Ich entschuldige mich nicht, weil ich schon wieder mit dem mongolischen Taimen ankomme. Um es klar zu sagen: Wer einen Taimen mit dem Wobbler bezwingt, dem gelingt das auch mit jedem Fisch in jedem Gewässer. Die Flüsse in der Mongolei sind eiskalt, kristallklar und rauschen gelegentlich mit der Geschwindigkeit eines D-Zuges ab – drei Eigenschaften, die einen Angler aufs Äußerste fordern. Der Taimen selbst ist unglaublich wild und misstrauisch und hat, wie meine Unterwasserstudien ergaben, wohl die beste Sicht aller Raubfische. Man muss es wirklich mit jedem Trick aus der Angelkiste versuchen, bis man ihn am Haken hat. Ein wichtiger Tipp für hier und überall dort, wo man kein Boot verwenden kann und weite Würfe erforderlich sind: Damit sich der Wobbler beim Wurf nicht im Vorfach verhängt, wird die Schnur kurz vor dem Auftreffen auf das Wasser mit dem Zeige- oder Mittelfinger auf der Spule abgebremst. Damit gehen zwar ein paar Meter Wurfweite verloren, aber man kann sicher sein, den Köder jedes Mal ohne Verwicklungen einzuholen.

◀ **JERKBAITS**

Diese Aufnahme entstand vor einigen Jahren, noch bevor ich den Bogen beim Angeln mit dem Jerkbait heraus hatte. Man braucht eine kurze, steife Rute, mit der man den Köder weit hinausschleudern kann und besser eine Multi- als eine Stationärrolle, die bis zur maximalen Kapazität gefüllt wird. Nach dem Auftreffen auf die Wasseroberfläche bringt ein kurzer Zug Leben in den Köder. Sobald man fühlt, dass er langsamer wird, folgt der nächste Schlag, der ihn erneut durch das Wasser peitscht. Dabei sollte man die Schnur gefühlvoll und kontinuierlich einholen. Entscheiden Sie sich für tragfähige Schnur – ich gehe nie unter 25 kg und mehr. Wenn Sie ein harter Werfer sind, schadet auch eine doppelt so starke Schnur nichts. Dazu kommt eine Spinnstange, um Verwicklungen zu vermeiden – 75 kg Tragkraft kann nichts schaden.

FLACHWASSER ▶

*Zur Jagd – vorwiegend auf Forellen
und Äschen – sucht der Taimen häufig
flaches Wasser auf; hier benimmt er
sich wie andere Raubfische auch.
Suchen Sie zunächst nach Anzeichen
für jagende Fische. Dann entscheiden
Sie sich zwischen Oberflächen- oder
flach laufendem Wobbler. Flach
laufende Köder sind leichter zu hand-
haben und der Anhieb gelingt meist
besser; wenn sie aber hören wollen,
wie ihr Herz bis zum Hals schlägt,
dann sollten Sie auf einen Oberflächenwobbler vertrauen und auf die
mächtige Bugwelle warten, die sich
hinter dem spritzenden, blubbernden
Köder aufbaut.*

NACHGEAHMTE NATUR ▶

*Dieser faszinierende Köder sieht
genauso aus wie ein Taimenbaby.
Er stammt von einem Wobbler-
experten in der Tschechischen
Republik. Im Wasser zeichnet er sich
durch exzellente Aktion aus – wie auch
das Modell einer Asiatischen Forelle –
eine weitere, bevorzugte Beute dieses
riesigen Fisches.*

Tierschutz

Obwohl Raubfische mit ihrem bezahnten Maul ziemlich robust aussehen, sind sie verletzlich wie jeder andere Fisch auch. Sobald sie eine bestimmte Größe erreicht haben, sind wir – die Angler – die einzigen Feinde, die sie in ihrem Gewässer zu fürchten haben; wir sind die einzige Tierart, die sie verletzen oder töten könnte. Daher sollten wir unseren Kontakt mit ihnen so stressfrei wie möglich gestalten. Wenn man sich streng an bestimmte Verhaltensmaßregeln hält, kann man sein Leben lang angeln gehen, ohne einem Fisch ernsthaft zu schaden. Es gibt mehrere Überlegungen: Jeder Fisch erleidet Stress während des Drills, daher sollten wir ihn so kurz wie irgend möglich aus dem Wasser holen; bleiben Sie ruhig, sowohl im Drill wie danach, wenn der Fisch am Ufer liegt; haken Sie den Fisch beherzt, geübt und mit den richtigen Werkzeugen ab.

▲ **MONGOLISCHER SCHATZ**
John Chester unterstützt einen mächtigen mongolischen Taimen, den er halb ins Wasser eintaucht. Auf diese Weise wird der Fisch optimal geschont: Der Stress ist minimal und die Eingeweide werden noch vom Wasser getragen.

Die Behandlung wilder Fische

Wilde Fische? Alle Fische sind doch wild, höre ich Sie sagen. In meinen Augen sind in der Tat einige Fische wilder als andere. Ich bin fest davon überzeugt, dass Fische, die noch keinen Kontakt mit Menschen hatten, viel ursprünglicher reagieren, wenn sich unsere Wege kreuzen; ein einziger Angler in einem jungfräulichen Fluss kann beträchtlichen Stress erzeugen.

Heutzutage reisen viele Angler in abgelegene und nicht befischte Regionen; das gehört zum Angelleben dazu. Speziell an Sie wende ich mich mit meinen Verhaltensmaßregeln: Erstens lassen sich wilde Fische viel leichter fangen, als Fische, die an Kunstköder und Haken gewöhnt sind. Halten Sie sich daher zurück, es ist keineswegs nötig, seinen Rucksack mit Beute zu füllen. Zweitens befinden sich viele unberührte Gewässer in extremen Regionen – entweder sehr heiß oder sehr kalt. Durch die extremen Temperaturen wird der Stress der Fische noch erhöht.

Wenn wir zu den Privilegierten gehören, die in einem praktisch unberührten Fluss angeln dürfen, sollten wir uns entsprechend naturschonend verhalten. Wenn wir den Ort wieder verlassen, muss er unbedingt so aussehen wie vorher – wir dürfen niemals die Wildnis besudeln.

HANDLANDUNG ▶

Kein Fisch, wild oder nicht wild, fühlt sich wohl, wenn er aus seinem Element gezogen wird; wir wollen auch nicht ins Wasser gestoßen werden. In vielen Fällen, vor allem, wenn die Ufer flach und sicher sind, und wir Stiefel oder Wathosen tragen, ist es durchaus möglich einen Fisch abzuhaken, ohne ihn völlig zu landen. Verwenden Sie niemals Drillinge, die größer sind als nötig; entscheiden Sie sich für feindrahtige Modelle und entfernen Sie die Widerhaken. Berühren Sie einen Fisch nur mit feuchten Händen. Packen Sie den Haken mit der Lösezange, drehen Sie ihn frei und weg schwimmt der Fisch. Unterstützen Sie ihn im Flachwasser so lange, bis er sich erholt hat und von selbst wieder in die Strömung schwimmt.

◄ VORSICHTIG FREI LASSEN

Bevor Sie einen Raubfisch frei lassen, drehen Sie ihn in die Strömung, und warten Sie ab, bis sich der Fisch von selbst entschließt wegzuschwimmen. Die hier gezeigte Technik ist in Ordnung, aber halten Sie niemals einen Fisch am Schwanz hoch – es sei denn, Sie wollen ihn anschließend töten – denn damit hebeln Sie seine Wirbel und Knochen aus und verurteilen ihn zu einem qualvollen Tod.

◄ STOLZ UND FREUDE

Ich mag dieses Foto meines guten Freundes Christopher West sehr. Er schaut bewundernd auf eine wunderschöne Forelle, die mit ihrem Maul einen kleinen Wal verschlingen könnte. Er hat den Fisch ausgedrillt und kniet nun im Wasser, um ihn freizulassen. Da die Wiederhaken platt gedrückt wurden, wird er den Haken leicht lösen können. Er verwendet keinen Kescher – im Kescher besteht immer die Gefahr, dass sich der Fisch in den Maschen verfängt und der vordere Drilling seine Flanke oder ein Auge verletzt. Chris wird gleich die Arterienklemme aus seiner Brusttasche nehmen und den Drilling lösen. Dieser Fisch hat niemals das Wasser verlassen und wird – nach dieser schonenden Behandlung – sicher noch vor dem Ende des Tages wieder fressen.

Naturschutz von Hechten

Während der gesamten Geschichte der Hechtfischerei, in praktisch jedem Gewässer, hat der Mensch die Bestände bedroht. Das war durchaus gewollt: Bis in die letzten Jahre verlangten die Angler der nördlichen Hemisphäre nach ihrer Trophäe – der tote Fisch als Ganzes oder zumindest sein Kopf wanderte zum Präparator. Solche Marotten gehen glücklicherweise langsam zu Ende, aber es gibt immer noch zahlreiche Irritationen, wenn es um Hechte geht. Einige davon entstehen durch Unwissen: Man kann sich einfach nicht umfassend informieren, wie man mit einem Hecht am Ufer umgeht. Manche Probleme entstehen aus Angst: Immerhin sieht das von Zähnen starrende Maul ziemlich bedrohlich aus. Wenn Sie ruhig bleiben und wissen, was sie tun, besteht aber keine Gefahr.

▲ **FISCH IM DRILL**

Achten Sie darauf, stets mit dem angemessenen Gerät zu angeln, oder Sie riskieren Schnurbruch und lassen einen Fisch mit Köder im Maul frei. Drillen Sie zügig und beherzt und zögern sie – nur des Kitzels wegen – den Drill nicht willkürlich hinaus. Pumpen Sie den Fisch nicht vollständig aus, dann ist er noch bei Kräften, wenn Sie ihn landen und bereit, wieder wegzuschwimmen. Denken Sie auch daran, dass Fische im Sommer meist stärker kämpfen als im Winter.

▼ **KÖDERFISCH VERSCHLUCKT**

Diese Aufnahme lässt nichts Gutes erwarten. Der Hecht wird im Kescher gelandet, aber weder Köderfisch noch Haken sind zu sehen. Offenbar hat er Köder und Haken zu tief geschluckt. Nach einer alten Faustregel sollte man nach dem Biss auf einen Köderfisch zwar etwas warten, menschlicher wäre es jedoch, den Anhieb sofort zu setzen. Auf diese Weise wird man zwar manchen Hecht verlieren, doch das sind meist kleinere Fische; und mit einem relativ kleinen Köderfisch lassen sich auch große Hechte fangen.

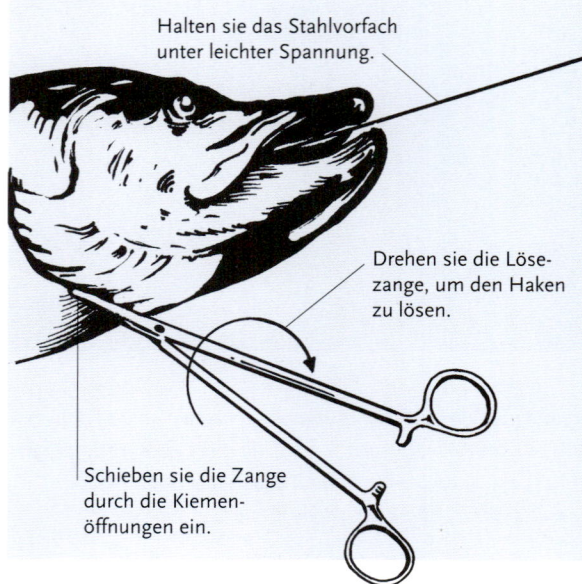

Halten sie das Stahlvorfach unter leichter Spannung.

Drehen sie die Löse-zange, um den Haken zu lösen.

Schieben sie die Zange durch die Kiemen-öffnungen ein.

Einen verschluckten Haken lösen

Gelegentlich schlucken Hechte einen toten Köderfisch oder Kunstköder zu tief; dann muss man ihm durch die Kiemenöffnungen greifen. Halten Sie die Schnur unter leichter Spannung und verwenden Sie eine lang-schenklige Lösezange oder Arterienklemme. Achten Sie sorgfältig darauf, die Kiemen nicht zu verletzen. Wenn Sie einen Haken ohne Widerhaken benutzt haben, stehen die Chancen recht gut, ihn lösen zu können. Hat sich der Haken dennoch festgesetzt, kann man die Hakenschenkel immer noch mit einer starken Zange abknipsen. Nehmen Sie stets Verbandszeug mit, vor allem, wenn Sie ihre Fische mit der Hand landen. Einen guten Hechtangler erkennt man bei jedem Treffen an der Zahl der Pflaster auf seinen Fingern.

▲ **WANN WIRD EIN KESCHER GEBRAUCHT?**

Ich finde, man sollte möglichst keinen Kescher verwenden; eine Handlandung ist sicherer. Wer allerdings glaubt, nicht auf das Netz verzichten zu können, sollte wenigstens das größtmögliche Modell kaufen. In der Tat ist ein Kescher notwendig beim Angeln an steilen Ufern, oder so lange man sich noch nicht sicher fühlt, auch große Raubfische mit der Hand zu landen. Ziehen Sie den Fisch erst dann über das Netz, wenn er wirklich ausgedrillt und müde ist. Unter Wasser kann sich sonst ein Drilling leicht in den Maschen verfangen und den Fisch verletzen.

AM UFER ▶

Wenn Sie unbedingt ein Foto haben möchten, wie hier von dem seltenen und exotischen Amurhecht, dann halten Sie alles Nötige griffbereit: Abhakmatte und eine Waage mit Schlinge, falls Sie den Fisch genau wiegen wollen; legen Sie Arterienklemme, langschenklige Lösezange und Drahtschneider zurecht. Wenn Sie allein sind, sollte die Kamera bereits auf dem Stativ festgeschraubt sein, kurz fokussieren und auslösen, dann sofort zurück mit dem Fisch.

◄ EINE STRESSIGE ERFAHRUNG

Vor einiger Zeit sah ich einige Jungen, die diesen etwa 2,5 kg schweren Hecht fingen, ihn nicht besonders schonend abhakten und nach viel zu langer Zeit wieder ins Wasser ließen. Danach habe ich mit ihnen geredet. Immerhin wurde er frei gelassen und nach etwa fünf bis zehn Minuten sah ich ihn in metertiefem Wasser wieder. Wie Sie sehen, hatte ihm der Stress das Blut aus dem Kopf getrieben; typisch für sein Trauma sind auch die hellen Flecken.

▼ NICHT FRESSEN, SONDERN SICH VERSTECKEN

Das ist derselbe Hecht wenig später. Er gräbt sich in den Schlamm ein, wahrscheinlich eine Verteidigungsstrategie. Genauso verhalten sich übrigens auch Hechte, die im Schlamm nach Aalen oder kleinen Plattfischen jagen. Hechte sind aktive Jäger, die ihre Beute auf verschiedene Weise überwältigen. Sollte Ihnen eine Schlammwolke an der Oberfläche auffallen, aus der Blasen aufsteigen, muss es weder Schleie, noch Karpfen oder Brassen sein. Es könnte sich durchaus lohnen, einen tief laufenden Wobbler oder anderen Köder auszuwerfen.

Forschungsbedarf

Es kommt nicht nur darauf an, was der aktive Angler am Ufer weiß oder macht, um Fischen zu helfen. Wenn die Bestände der Raubfische, die wir lieben, erhalten bleiben sollen, dann ist saubere wissenschaftliche Forschung und professioneller Schutz vonnöten. Viele Jahre lang haben Forellen und Lachse die Forschung dominiert, weil sie von wirtschaftlicher Bedeutung waren. Heute, da die Sportfischerei an Einfluss gewinnt, wird vielleicht mehr Forschung auch an anderen Fischen betrieben. Glauben sie mir, Forschung rettet Leben. Man muss gar nicht weit in der Zeit zurück gehen – in manchen Gegenden gar nicht – um Besitzer von Forellenzuchten zu finden, die jeden Hecht töteten, der angeblich ihre Bestände gefährdete. Wie die Forschung jedoch nachwies, breiteten sich nach dem Tod der großen Hechte zahlreiche kleine aus, die wirklichen Killer im Forellenteich. In der Tat waren es die großen Hechte, die ihre kleineren Artgenossen in Schach hielten. Inzwischen wissen die Fischzüchter, was sie an den großen Hechten haben, denn ohne sie waren ihre Bestände stärker gefährdet. Gute Nachricht für die Forellen, den Hecht und alle, die Fische lieben.

▲ **WO IST DENNIS?**

Vor einigen Jahren wurden Christopher und ich dafür bezahlt – jawohl bezahlt – um Raubforellen elektrisch zu fangen und zu markieren. Wir haben die Fische nach schottischen Helden benannt; dies ist Dennis Law kurz vor seiner Freilassung. Ich hatte immer geglaubt, dass Raubforellen wie die Hechte im Ansitz warten, bis sich ein Schwarm kleiner Rotaugen nähert. Wie die Markierung von Dennis und anderen Forellen gezeigt hat, verbringen die Raubforellen jedoch viel Zeit damit umherzuschwimmen, wobei sie den tiefen Strömungen folgen. Daraus habe ich gelernt, in einem See so viel wie möglich zu schleppen, um meine Chancen auf einen Anbiss zu erhöhen.

Register

Aal 11, 15
Abhaken 8, 42, 66, 87–88, 90
Absinken und Einholen 47, 71
Aktion
    Blinker 71–74
    Oberflächenköder 53–54, 56, 59, 60–61
    Weichplastikköder 36–39, 42, 43–45, 47, 48
    Wobbler 76–77, 83
Amurhecht 91
Angeln in der Dämmerung 55
Angelruten 49, 59, 72, 79, 84
Angelschnur
    Blinker 72, 73
    Oberflächenköder 56, 58
    Wobbler 84
Angriffsstrategien 17–18
Angriffswinkel 17
Anhieb 90
Äsche 64
Auswerfen
    Döbel 58, 59
    im Zweiggewirr 29
    punktgenau 27
    Spinner 64, 68
    sternförmig 69
    Wobbler 84

Barbe 18
Beobachtung von Fischen 6–7
Beutefische, Abwehrstrategien 17
Beutezug von Raubfischen 15–16
Blinker 63, 71–74
Boote 40, 44, 65, 79–81

Chugger 50
Crawler 50

Dämmerung, Angeln 55
Döbel 16, 58–59
Downrigger 81
Drill 89

Drillinge 29

Einholgeschwindigkeit
    Oberflächenköder 54
    Schleppangeln 74, 79
    Weichplastikköder 45
Elritze 15, 39

Farbe 38, 40, 52, 71
Fernglas 21
Ferox-Forelle, siehe Raubforelle
Film, Fabrikat 9
Fischöl 22, 41
Fischzuchtbetriebe 93
Fliegen 45, 57
Fluchtverhalten, Friedfische 18
Flussbarsch
    ködern mit Jigs 12
    Schleppangeln 81
    Spinner 68–69
    Verhalten 12, 16, 17, 26
    Weichplastikköder 44
Flusskrebs 37
Forelle 22, 79, 93
Forellenbarsch 46
Form der Weichplastikköder 40
Forschung 93
fotografische Technik 7, 9, 91
Friedfische 10
Frosttage 21

Geografie unter Wasser 7, 25
Geräusche 7, 20
Geruch 22, 23, 41, 77

Haken 29, 70
Hakenlöser 8, 42, 90
Hecht
    Beutezug 15
    Biss auf toten Köderfisch 90
    Blinker 71–73
    Forellenzuchtbetriebe 93
    Jagdverhalten 17–18
    Jungvögel 51
    Kältestarre 11

Köderwahrnehmung 77
Krautfelder 31
Landung 22, 91
Maus als Köder 52–54
Säugetiere 51
Schilf 14
Schleppangeln 80
Schutz 89–92
Spinner 70
    tief gehakt 90
    Trauma 92
    Umgang mit 89
    Verhalten 92
    Vögel 51
    Weichplastikköder 35–36, 48–49

Iberische Barbe 78, 82
im Schlund gehakter Fisch 90
Injektion von Fischöl 22, 41

Jagd, Verhalten von Raubfischen 17–18
Jerkbait 75, 84
Jigs, siehe Weichplastikköder
Jungvögel 51, 62

Kälte
    Krautfelder 30
    toter Köderfisch 21
    Weichplastikköder 44–45
    Kältestarre von Raubfische 10–12
Kältestarre 11–12
Kamera 9
Karpfen 12
Kescher 88, 91
Köderfisch
    an fest stehender Pose 22
    auftreibend 22
    gefroren 19
    schwebend 22
    toter 19–23, 90
Kraut 22, 27–28
Krautblinker 72

Krautfelder 30–31
Krauthaken 29

Landung 22, 91
Lebensraum von Raubfischen 24–33
Licht 16, 18, 63

Makrele 33
Markierung von Fischen 93
Maus als Köder 52–54
Meeresangeln 32–33
menschliche Bauwerke 25, 32–33
Molche 38

Nachahmung der Natur 29, 37–39, 52–54, 85
Nachtangeln 54
natürliche Lebensräume 27–31
Nilbarsch 81

Oberflächenköder 50–62
   Bedingungen 51
   Döbel 58–59
   einholen 61
   Köderformen 50
   Maus als Köder 52–54
   Schwarzbarsch 60–63
   Taimen 55–57
Oberflächenwobbler 75
optische Signale 16, 18
Ostsee 35–36, 48–49

Pfauenbarsch 80
Pflege der Kunstköder 9
Popper 50
Posen 21, 23
Präsentation von toten Köderfischen 22–23
Propbaits 50, 61
punktgenaues Werfen 27

Raubfische
   in Kältestarre 11–12
   in Kältestarre aufmerksam

machen 13–14
   Lebensräume 24–33
   Verhalten 10–18
Raubforelle 11, 15, 17, 93
Rotaugen 18, 30–31
Rotfeder 17

Sägebarsch 24
Saibling 15, 66
Säugetiere 14, 51, 55
Schilf 14, 48–49
Schlangen 39
Schlangenkopffisch 65
Schleie 28
Schleppangeln 73, 74, 79–81
Schutz von Hechten 89–92
Schwarzbarsche 24, 46–47, 60–63, 67, 80
Seerosen 68
Segelpose 21
Shad Rap 76, 82
Sichtbarkeit
   Oberflächenköder 51
   Schleppangeln 73
   toter Köderfisch 20
   Wobbler 82, 83
Sinkgeschwindigkeit 45
Sinne von Raubfischen ansprechen 40–45
spiegelglattes Wasser 20
Spinner 63–74
   eigene Veränderungen 67, 68
Spinnerbaits 67, 68
sternförmiges Auswerfen 69
Stichling 29
Stickbait 50
Streamer 57
Stress für Fische 8, 86, 87, 92
Strukturelemente unter Wasser 25

Taimen 55–57, 79–81, 84–85
Tauchen 7, 9
Temperatur
   Oberflächenköder 51
   Weichplastikköder 42

Test von Weichplastikködern 42–43
Tierschutz 42, 65, 86–93
   Fische 8, 42, 86–92

Verhalten
   Friedfische 10
   Hecht 93
   Raubfische 10–18
verletzter Fisch 31
Verteidigungsstrategie 17
Vibrationen 63, 77

Wachsamkeit von Raubfischen 7–8
Wasser, trübe 20, 51, 70, 82, 83
Wasseroberfläche,
   Bedingungen 51
   glatt 20
   Störungen 51
Wasservögel 14, 15, 51
Wecker, der Wecker klingelt 13–14
wehrlose Beutefische 18
Weichplastikköder 34–49
   Auswahl 40
   Konsistenz 41
   Nachahmung von Tieren 37–39
   Ostsee 35–36
   Schilf 48–49
   Schwarzbarsch 46–47
   Sinne ansprechen 40–45
Weißfische 18
Werfen, punktgenau 27
Wetter 20–21
„wilde" Fische 87
Wobbler 75–85
   Aktion 76–77
   Auswahl 82–83
   flach tauchend 75
   Schleppangeln 79–81
   tief tauchend 31, 75
   Taimen 84–85

Zusammengesetzte Köder 48